もくじ

英語４年
英語活動
対応版

教科書ぴったりトレーニング

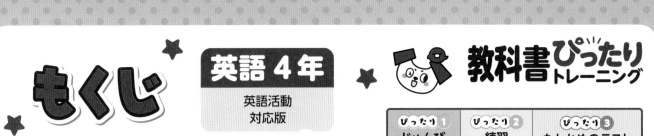

トラック トラック のついているところと、各付録(かくふろく)の音声は、右のQRコード、または専用の「ポケットリスニング」のアプリから聞くことができます。
「ポケットリスニング」について、くわしくは表紙の裏をご覧ください。
https://www.shinko-keirin.co.jp/shinko/listening-pittari_training/

スピーキングアプリ のついているところは
専用の「ぴたトレスピーキング」のアプリで学習します。
くわしくは89ページをご覧ください。

ぴったり1 じゅんび

アルファベットを学ぼう
大文字

学習日　月　日

アルファベット　大文字

ききトリ　音声でアルファベットの音を聞いて、後に続(つづ)いて言ってみましょう。　トラック0

□ A（エイ）　□ B（ビー）　□ C（スィー）　□ D（ディー）　□ E（イー）

□ F（エフ）　□ G（ジー）　□ H（エイチ）　□ I（アイ）　□ J（ジェイ）

□ K（ケイ）　□ L（エル）　□ M（エム）　□ N（エヌ）　□ O（オウ）

□ P（ピー）　□ Q（キュー）　□ R（アール）　□ S（エス）　□ T（ティー）

□ U（ユー）　□ V（ヴィー）　□ W（ダブリュー）　□ X（エクス）　□ Y（ワイ）　□ Z（ズィー）

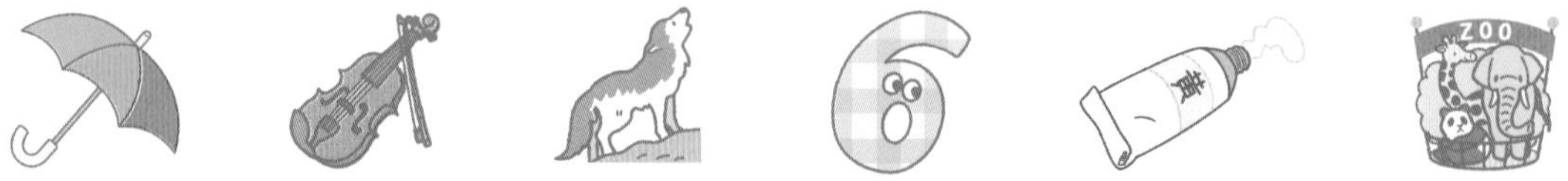

☑ 発音したらチェック

ぴったり2

練習

学習日　　月　　日

※アルファベットの書き順は目安です。
※この本では英語の発音をよく似たカタカナで表しています。
めやすと考え、音声で正しい発音を確かめましょう。

かきトリ　声に出して文字をなぞった後、自分で2回ぐらい書いてみましょう。　できたらチェック！　書く　話す

① A

② B

③ C

④ D

⑤ E

⑥ F

⑦ G

⑧ H

⑨ I

⑩ J

⑪ K

⑫ L

⑬ M

⑭ N

⑮ O

⑯ P

⑰ Q

⑱ R

⑲ S

⑳ T

㉑ U

㉒ V

㉓ W

㉔ X

㉕ Y

㉖ Z

ヒント
大文字は、一番上の線から3番目の線までの間に書くよ。

ぴったり1 じゅんび

アルファベットを学ぼう 小文字

学習日　　月　　日

アルファベット　小文字

ききトリ アルファベットをリズムに乗って言ってみましょう。　トラック0

エイ	ビー	スィー	ディー	イー
□ a	□ b	□ c	□ d	□ e
	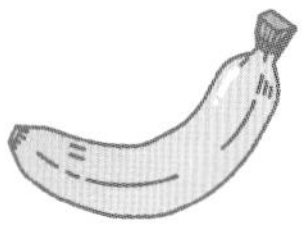			

エフ	ジー	エイチ	アイ	ジェイ
□ f	□ g	□ h	□ i	□ j

ケイ	エル	エンム	エンヌ	オウ
□ k	□ l	□ m	□ n	□ o
	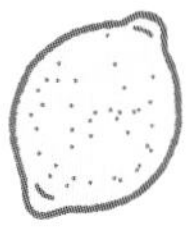		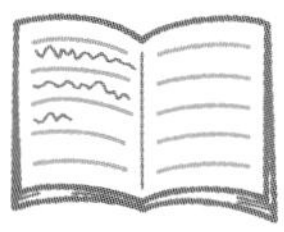	

ピー	キュー	アール	エス	ティー
□ p	□ q	□ r	□ s	□ t
			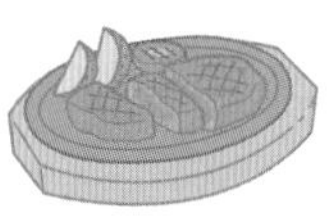	

ユー	ヴィー	ダブリュー	エクス	ワイ	ズィー
□ u	□ v	□ w	□ x	□ y	□ z

☑ 発音したらチェック

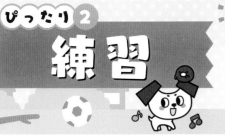

ぴったり2

練習

学習日　月　日

※アルファベットの書き順は目安です。
※この本では英語の発音をよく似たカタカナで表しています。めやすと考え、音声で正しい発音を確かめましょう。

かきトリ　声に出して文字をなぞった後、自分で2回ぐらい書いてみましょう。　できたらチェック！　書く　話す

①
a

②
b

③
c

④
d

⑤
e

⑥
f

⑦
g

⑧
h

⑨
i

⑩
j

⑪
k

⑫
l

⑬
m

⑭
n

⑮
o

⑯
p

⑰
q

⑱
r

⑲
s

⑳
t

㉑
u

㉒
v

㉓
w

㉔
x

㉕
y

㉖
z

ヒント
bとdのように、形の似ているアルファベットがいくつかあるね。

★英語を書くときのルール★

英語を書くときは、日本語とはちがうルールがいくつかあります。
次からのページで英語を書くときは、ここで学ぶことに気をつけましょう。

① 単語(たんご)の中の文字どうしはくっつけて書き、単語どうしははなして書く！

Good morning. I'm Saori.

Ｇｏｏｄのように、１文字１文字がはなれないようにしよう。

↑ 単語と単語の間は、少しあけるよ。 ↑ 文と文の間は、１文字程度あけるよ。

② 文の最初(さいしょ)の文字は大文字で書く！

Good morning.

× good morning.

Yes, I do.

I は文のどこでも大文字だよ。

▶以下(いか)のような単語は文のどこでも大文字で始めます。

人の名前	国名	地名
Olivia	Japan	Osaka

③ 文の終わりにはピリオド（.）をつける！

Nice to meet you.

Good idea!

強調するときなどに使うエクスクラメーションマーク（!）をつけるときは ピリオドはなくてよいよ。

④ たずねる文の終わりには、ピリオドのかわりにクエスチョンマーク（?）をつける！

How are you?

× How are you.

⑤ 単語の間にはコンマ（,）をつけることがある！

Yes, it is.

Yes や No のあとにはコンマ（,）を入れるよ。

★数字を表す英語のルール★

トラック0

ものの個数や値段(ねだん)、年れいを表す数字と、日づけなどに使う数字の２通りを知っておきましょう。

▶ ものの個数や値段、年れいを表す数字

1 one	2 two	3 three	4 four	5 five
6 six	7 seven	8 eight	9 nine	10 ten
11 eleven	12 twelve	13 thirteen	14 fourteen	15 fifteen
16 sixteen	17 seventeen	18 eighteen	19 nineteen	20 twenty
21 twenty-one	22 twenty-two	23 twenty-three	24 twenty-four	25 twenty-five
26 twenty-six	27 twenty-seven	28 twenty-eight	29 twenty-nine	30 thirty
40 forty	50 fifty	60 sixty	70 seventy	80 eighty
90 ninety	100 one hundred			

（例） three apples（3つのりんご）

▶ 日づけを表す数字

1st first	2nd second	3rd third	4th fourth	5th fifth	6th sixth	7th seventh
8th eighth	9th ninth	10th tenth	11th eleventh	12th twelfth	13th thirteenth	14th fourteenth
15th fifteenth	16th sixteenth	17th seventeenth	18th eighteenth	19th nineteenth	20th twentieth	21st twenty-first
22nd twenty-second	23rd twenty-third	24th twenty-fourth	25th twenty-fifth	26th twenty-sixth	27th twenty-seventh	28th twenty-eighth
29th twenty-ninth	30th thirtieth	31st thirty-first				

（例） My birthday is April 1st.
（わたしの誕生日(たんじょうび)は4月1日です。）

ぴったり 1 じゅんび

Unit 1 こんにちは①

学習日　　月　　日

めあて
あいさつをしたり自分の名前を伝(つた)えたりできる。

あいさつ / 自分の名前の伝え方

ききトリ 音声を聞き、声に出してみましょう。　トラック1～2

グッド モーニング
Good morning.
おはよう。

アイム クリス
I'm Chris.
わたしはクリスです。
クリス

せつめい　つたえる　Good morning.で、「おはよう。」とあいさつをすることができます。Good morning.は朝や午前中のあいさつです。
I'm ～.で、「わたしは～です。」と自分の名前を伝えることができます。「～」のところに自分の名前を入れましょう。

ききトリ 音声を聞き、英語(えいご)の言葉を言いかえて、文を読んでみましょう。　トラック3～6

Good morning.

これを知ったらワンダフル！
"morning"は「朝、午前」、"afternoon"は「午後」、"night"は「夜」という意味の言葉だよ。

いいかえよう　あいさつを表す表現(ひょうげん)

□Hi.（やあ。）

□Hello.（こんにちは。）

□Good afternoon.（こんにちは。）

□Good night.（おやすみ。）

□Goodbye.（さようなら。）

□See you.（またね。）

ワンポイント
朝は"Good morning."、午後から夕方は"Good afternoon."、夜ねるときは"Good night."と言うよ。"Hi."や"Hello."は1日の中でいつ言ってもいいよ。

I'm Chris.

いいかえよう　名前を表す言葉

□Mary（メアリー）

□Graham（グラハム）

□Anna（アンナ）

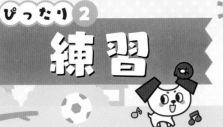

ぴったり2

練習

学習日　　月　　日

ぴったりクイズ　答えはこのページの下にあるよ！

夕方から夜ねるまでの間にする“good”で始まるあいさつは何かな？

かきトリ　英語をなぞり、声に出してみましょう。

できたらチェック！　書く　話す

□やあ。

Hi.

□こんにちは。

Hello.

ヒント

“Good” と“morning” の間を少し空けて書くようにしよう。

□さようなら。

Goodbye.

□またね。

See you.

□おはよう。

Good morning.

□こんにちは。

Good afternoon.

□おやすみ。

Good night.

□わたしはクリスです。

I'm Chris.

▶読み方が分からないときは、左のページにもどって音声を聞いてみましょう。

やりトリ　家族や友だちにあいさつをしましょう。

できたらチェック！　書く　話す

つたえるコツ

あいさつは笑顔(えがお)で元気よく言えると気持ちがいいね！

▶あてはめる英語は、左のページや付録(ふろく)の小冊子(しょうさっし)、辞書(じしょ)などから探(さが)してみよう！

伝える練習ができたら、次はだれかにあいさつをしてみよう！

ぴったりクイズの答え

夕方から夜ねるまでの間のあいさつは“Good evening.”だよ。
「こんばんは。」という意味だよ。

Unit 1 こんにちは②

学習日　　月　　日

めあて
自分の好きなものを伝えることができる。

自分の好きなものの伝え方

ききトリ 音声を聞き、声に出してみましょう。　トラック7～8

アイ ライク ストゥローベリィズ
I like strawberries.
わたしはイチゴが好きです。

せつめい **つたえる** I like ～.で、「わたしは～が好きです。」と自分の好きなものを伝えることができます。「～」に好きなものを表す言葉を入れましょう。

ききトリ 音声を聞き、英語の言葉を言いかえて、文を読んでみましょう。　トラック9～10

I like **strawberries** .

ワンポイント
"I like"と言ったあとに、自分が好きなものを表す言葉を言おう。

いいかえよう

□bananas（バナナ）

□oranges（オレンジ）

□apples（リンゴ）

□basketball（バスケットボール）

□swimming（水泳）

□tennis（テニス）

□red（赤）

□green（緑）

□yellow（黄色）

これを知ったらワンダフル！
くだものを表す言葉の最後のsは、2つ以上あることを表すよ。

小冊子のp.6～9で、もっと言葉や表現を学ぼう！

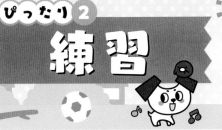

ぴったり2

練習

学習日　月　日

?ぴったりクイズ　答えはこのページの下にあるよ！

"apple pie(アップルパイ)"は、ある国を代表するデザートとして知られているよ。どこの国か分かるかな？

かきトリ　英語をなぞり、声に出してみましょう。

できたらチェック！　書く　話す

□赤
red

□オレンジ
oranges

□緑
green

□テニス
tennis

□バナナ
bananas

□バスケットボール
basketball

□リンゴ
apples

□水泳
swimming

□黄色
yellow

□わたしはイチゴが好きです。
I like strawberries.

□わたしはバスケットボールが好きです。
I like basketball.

ヒント
"tennis"の n や、"swimming"の m は 2 回続けることに注意しよう。

▶読み方が分からないときは、左のページにもどって音声を聞いてみましょう。

やりトリ　自分はどう言うかを書いて、声に出してみましょう。

できたらチェック！　書く　話す

I like ＿＿＿＿＿＿＿＿＿＿.

つたえるコツ
"I like"のあとの好きなものを表す言葉は、はっきりと大きな声で言おう。

▶あてはめる英語は、左のページや付録の小冊子、辞書などから探してみよう！

伝える練習ができたら、次はだれかと話してみよう！

ぴったりクイズの答え　アップルパイはアメリカを代表するデザートだよ。

ぴったり3 たしかめのテスト

Unit 1 こんにちは

時間 30分

／100

ごうかく 80点

答え 2ページ

1 音声を聞き、内容に合う絵を下の㋐～㋒から選び、（　）に記号を書きましょう。

トラック11

技能 1問10点(20点)

㋐ 

㋑ 

㋒ 

(1)（　　　　）　(2)（　　　　）

2 音声を聞き、それぞれの人物の好きなものを、線で結びましょう。

トラック12

技能 1問10点(30点)

(1)

Emily

(2)

Takeru

(3)

Anna

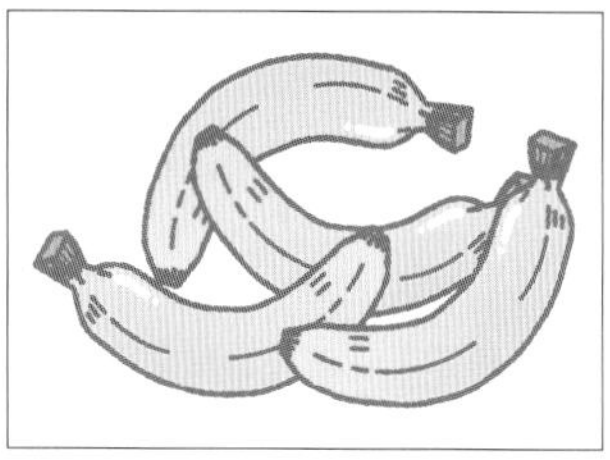

ふりかえり ❷が分からないときは、10ページにもどって確認しよう。

学習日　　月　　日

3 日本文の意味を表す英語(えいご)の文になるように、[ ]の中から語を選んで[ ]に書き、文全体をなぞりましょう。

1問10点(20点)

(1) (午後に)こんにちは。

Good ______.

(2) おやすみ。

Good ______.

night　　afternoon

4 やまとが自己(じこ)しょうかいをしています。日本文の意味を表す英語の文を、[ ]の中から選んで[ ]に書きましょう。

思考・判断・表現　1問10点(30点)

Yamato

(1) おはよう。

(2) わたしはやまとです。

(3) わたしは水泳が好きです。

Good morning.　　I like swimming.

I'm Yamato.

ぴったり1 じゅんび

Unit 2 トランプをしよう①

学習日　　月　　日

めあて
天気をたずねたり答えたりできる。

天気のたずね方 / 答え方

ききトリ 音声を聞き、声に出してみましょう。　トラック13〜14

せつめい

たずねる How's the weather?で、「天気はどうですか。」とたずねることができます。weatherは「天気」を表します。

こたえる 天気を答えるときは、It's 〜.と答えます。「〜」のところに天気や寒暖（かんだん）を表す言葉を入れましょう。

ききトリ 音声を聞き、英語（えいご）の言葉を言いかえて、文を読んでみましょう。　トラック15〜16

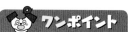

How's the weather?

It's **sunny**.

ワンポイント
天気を表す言葉の前に"It's"と言うんだね。

いいかえよう 天気や寒暖を表す言葉

☐cloudy（くもった）

☐rainy（雨降（ふ）りの）

☐snowy（雪の降る）

☐hot（暑い）

☐cold（寒い）

これを知ったらワンダフル！
天気を表す言葉はみんなyで終わっているね。寒暖を表す言葉はyで終わっていないね。

ぴったり2

練習

学習日　　月　　日

ぴったりクイズ 答えはこのページの下にあるよ！

天気の名前をふくむ“sunny-side up（サニーサイドアップ）”という料理があるよ。太陽のように見えるこの料理が何か分かるかな？

かきトリ 英語をなぞり、声に出してみましょう。

できたらチェック！ 書く 話す

□晴れた sunny

□雪の降る snowy

ヒント
“sunny”は n が 2 回続くことに注意しよう。

□暑い hot

□天気 weather

□雨降りの rainy

□くもった cloudy

□寒い cold

□天気はどうですか。 How's the weather?

□晴れています。 It's sunny.

□暑いです。 It's hot.

▶読み方が分からないときは、左のページにもどって音声を聞いてみましょう。

やりトリ 自分はどう答えるかを書いて、声に出してみましょう。

できたらチェック！ 書く 話す

How's the weather?

It's ＿＿＿＿＿＿＿＿.

つたえるコツ
“It's”は少し小さく、天気を表す言葉を大きくはっきりと言うようにしよう。

▶あてはめる英語は、左のページや付録の小冊子、辞書などから探してみよう！

答える練習ができたら、次はだれかに質問してみよう！

ぴったりクイズの答え “sunny-side up”は（片面だけを焼いた）目玉焼きのことだよ。

ぴったり1 じゅんび

Unit 2 トランプをしよう②

学習日　　月　　日

めあて
相手をさそったり答えたりできる。

相手のさそい方 / 答え方

ききトリ 音声を聞き、声に出してみましょう。　トラック17～18

レッツ　プレイ　カーヅ
Let's play cards.
トランプをしましょう。
イエス　レッツ
Yes, let's.
はい、そうしましょう。
サ(ー)リィ
Sorry.
ごめんなさい。

せつめい

つたえる　Let's ～.で、「(いっしょに)～しましょう。」と相手をさそうことができます。Let'sのあとの「～」に、したい動作が入ります。

こたえる　Yes, let's.で、相手のさそいを受けて、「はい、そうしましょう。」と答えることができます。断(ことわ)るときは、Sorry.(ごめんなさい。)と言いましょう。

ききトリ 音声を聞き、英語(えいご)の言葉を言いかえて、文を読んでみましょう。　トラック19～20

Let's **play cards**.

ワンポイント
遊びを表す言葉には"play"を使うんだね。

いいかえよう　動作を表す言葉

□play tag
(おにごっこをする)

□play dodgeball
(ドッジボールをする)

□play jump rope
(なわとびをする)

□go outside(外へ出る)

□make a snowman
(雪だるまを作る)

□walk(歩く)

これを知ったらワンダフル!
"snowman(雪だるま)"には「雪」を表す"snow"がふくまれているね。

さそいを受けるときの表現(ひょうげん)

Yes, let's.

さそいを断るときの表現

Sorry.

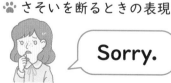

小冊子(しょうさっし)のp.4～5で、もっと言葉や表現を学ぼう！

ぴったり2

練習

学習日　　月　　日

?ぴったりクイズ 答えはこのページの下にあるよ！

“dodgeball(ドッジボール)”の“dodge”の意味を知っているかな？

かきトリ　英語をなぞり、声に出してみましょう。

できたらチェック！　書く□　話す□

ヒント

“Let's”の s の前にある ' を忘れないように注意しよう。

□トランプをする

play cards

□ドッジボールをする

play dodgeball

□おにごっこをしましょう。

Let's play tag.

□なわとびをしましょう。

Let's play jump rope.

□外へ出ましょう。

Let's go outside.

□はい、そうしましょう。

Yes, let's.

□ごめんなさい。

Sorry.

▶読み方が分からないときは、左のページにもどって音声を聞いてみましょう。

やりトリ　自分は相手を何にさそうかを書いて、声に出してみましょう。

できたらチェック！　書く□　話す□

Let's ＿＿＿＿＿＿＿＿.

Yes, let's.

つたえるコツ

遊びにさそうときは、楽しそうに笑顔でさそってみよう。みんな喜んでさそいを受けてくれるよ！

▶あてはめる英語は、左のページや付録の小冊子、辞書などから探してみよう！

伝える練習ができたら、次はだれかと話してみよう！

ぴったりクイズの答え　“dodgeball”の“dodge”は「よける」という意味だよ。

ぴったり3 たしかめのテスト

Unit 2－① トランプをしよう

時間 30 分

／100

ごうかく 80 点

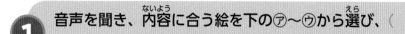

答え 3ページ

1 音声を聞き、内容に合う絵を下の㋐～㋒から選び、(　　)に記号を書きましょう。

トラック21

技能 1問10点(20点)

㋐ 

㋑ 

㋒ 

(1) (　　　　)　(2) (　　　　)

2 音声を聞き、それぞれの人物がしたい遊びを、線で結びましょう。

トラック22

技能 1問10点(30点)

(1) 

Emily

(2) 

Kenta

(3) 

Ayaka

ふりかえり ②が分からないときは、16ページにもどって確認しよう。

学習日　　月　　日

3 日本文の意味を表す英語(えいご)の文になるように、[　]の中から語を選んで[　]に書き、文全体をなぞりましょう。

1問10点(20点)

(1) 天気はどうですか。

How's the ＿＿＿＿?

(2) ((1)に答えて)雪が降(ふ)っています。

It's ＿＿＿＿.

weather　　snowy

4 エミリーがクリスとさくらに話しかけています。日本文の意味を表す英語の文を、[　]の中から選んで[　]に書きましょう。

思考・判断・表現　1問10点(30点)

Emily

(1) 外へ出ましょう。

＿＿＿＿＿＿＿＿

Chris

(2) はい、そうしましょう。

＿＿＿＿＿＿＿＿

Sakura

(3) ごめんなさい。

＿＿＿＿＿＿＿＿

Yes, let's.　　Let's go outside.

Sorry.

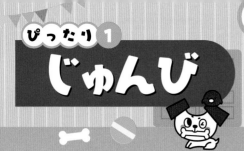

ぴったり1 じゅんび

Unit 2 トランプをしよう③

学習日　　月　　日

めあて
相手に動作を指示することができる。

動作の指示の仕方

ききトリ　音声を聞き、声に出してみましょう。　トラック23～24

スタンド　アップ
Stand up.
立ってください。

せつめい　つたえる　Stand up.で、「立ってください。」と相手に指示したりたのんだりすることができます。

ききトリ　音声を聞き、英語の言葉を言いかえて、文を読んでみましょう。　トラック25～26

Stand up.

これを知ったらワンダフル！
“Stand up.”の“up”は「上」を表し、“Sit down.”の“down”は「下」を表すよ。

いいかえよう　指示を表す表現

□Sit down.
（座ってください。）

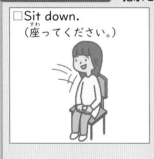

□Jump.
（とび上がってください。）

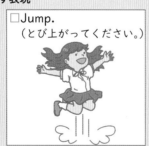

□Turn around.
（後ろを向いてください。）

□Walk.
（歩いてください。）

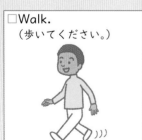

□Run.
（走ってください。）

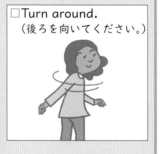

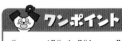

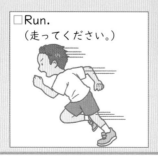

□Stop.
（止まってください。）

ワンポイント
“stand”“sit”“jump”“turn”“walk”“run”“stop”はすべて動作を表す言葉だね。

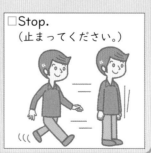

ぴったり2
練習

学習日　月　日

ぴったりクイズ　答えはこのページの下にあるよ！

「船長さんの命令（めいれい）」ゲームは、アメリカやイギリスにもあるけど、命令を出すのは船長さんではなくてだれかな？

かきトリ　英語をなぞり、声に出してみましょう。

できたらチェック！　書く　話す

□とび上がってください。

Jump.

□走ってください。

Run.

ヒント
"Jump."の「ン」の音は m、"Run."の「ン」の音は n になるので注意しよう。

□歩いてください。

Walk.

□止まってください。

Stop.

□立ってください。

Stand up.

□座ってください。

Sit down.

□後ろを向いてください。

Turn around.

▶読み方が分からないときは、左のページにもどって音声を聞いてみましょう。

やりトリ　相手への指示を書いて、声に出してみましょう。

できたらチェック！　書く　話す

つたえるコツ
指示の内容（ないよう）が正しく伝（つた）わるように、大きな声ではっきりと言おう。

▶あてはめる英語は、左のページや付録（ふろく）の小冊子（しょうさっし）、辞書（じしょ）などから探（さが）してみよう！

伝える練習ができたら、次はだれかと話してみよう！

ぴったりクイズの答え　命令を出すのは"Simon（サイモン）"だよ。"Simon"は人の名前だよ。

Unit 2 トランプをしよう④

学習日　　月　　日

めあて
相手に着たり身につけたりするよう指示することができる。

動作の指示の仕方

ききトリ 音声を聞き、声に出してみましょう。　トラック27〜28

プット アー(ー)ン ユア キャップ
Put on your cap.
ぼうしをかぶってください。

せつめい　つたえる　Put on your ～.で、「あなたの～を着てください。」と相手に指示したりたのんだりすることができます。「～」のところに衣服やぼうしなどの身につけるものを表す言葉を入れましょう。

ききトリ 音声を聞き、英語の言葉を言いかえて、文を読んでみましょう。　トラック29〜30

Put on your cap.

ワンポイント
“your”のあとに衣類を表す言葉を入れるんだね。

いいかえよう　衣類を表す言葉

□shirt（シャツ）

□sweater（セーター）

□pants（ズボン）
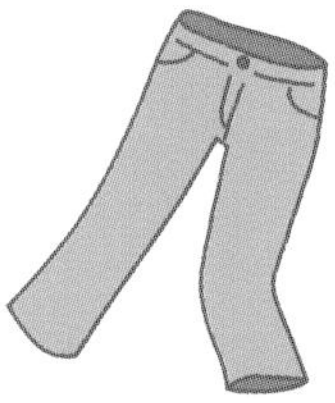

□shorts（半ズボン）

□boots（ブーツ）

これを知ったらワンダフル！
“pants”“shorts”“boots”はすべて最後に“s”が付いているよ。

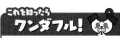

ぴったり2

練習

学習日　月　日

ぴったりクイズ 答えはこのページの下にあるよ！

みんなが着ている"T-shirt(Tシャツ)"の"T"は、何を表しているか知っているかな？

かきトリ 英語をなぞり、声に出してみましょう。

できたらチェック！ 書く 話す

□ぼうし
cap

□セーター
sweater

□シャツ
shirt

□ズボン
pants

□半ズボン
shorts

□ブーツ
boots

ヒント
"shirt"の ir、"shorts"の or、"boots"の oo は、音をのばして言うようにしよう。

□ぼうしをかぶってください。
Put on your cap.

□セーターを着てください。
Put on your sweater.

□ブーツをはいてください。
Put on your boots.

▶読み方が分からないときは、左のページにもどって音声を聞いてみましょう。

やりトリ 相手に身につけてほしいものを書いて、声に出してみましょう。

できたらチェック！ 書く 話す

Put on your ＿＿＿＿＿＿.

つたえるコツ
最初(さいしょ)の"Put"と最後の衣類を表す言葉を、はっきりと言おう。

▶あてはめる英語は、左のページや付録(ふろく)の小冊子(しょうさっし)、辞書(じしょ)などから探(さが)してみよう！

伝(つた)える練習ができたら、次はだれかと話してみよう！

ぴったりクイズの答え Tシャツの"T"は、広げたときの形を表しているよ。

Unit 2 トランプをしよう⑤

学習日　　月　　日

めあて
相手に体のある場所をさわるように指示(しじ)することができる。

動作の指示の仕方

ききトリ 音声を聞き、声に出してみましょう。　トラック31～32

タッチ　ユア　ヘッド
Touch your head.
頭をさわってください。

せつめい **つたえる** Touch your ～.で、「あなたの～をさわってください。」と相手に指示したりたのんだりすることができます。「～」のところに体の場所を表す言葉を入れましょう。

ききトリ 音声を聞き、英語(えいご)の言葉を言いかえて、文を読んでみましょう。　トラック33～34

Touch your **head**.

ワンポイント
"your"のあとに体の場所を表す言葉を入れるんだね。

いいかえよう 体の場所を表す言葉

□nose(鼻)

□chin(あご)

□arm(うで)

□leg(あし)

□foot(足)
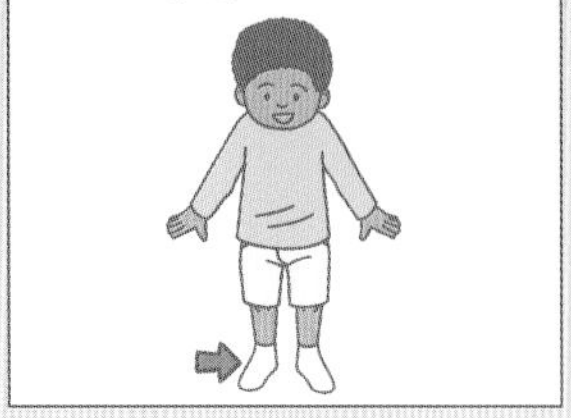

□toe(つま先)

□hand(手)
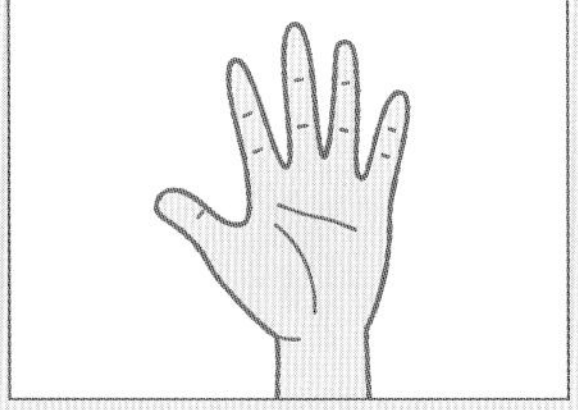

□finger(指)

これを知ったらワンダフル!
サッカーで、手でボールをさわったときに「ハンド」という反則(はんそく)があるね。

ぴったり2
練習

学習日　　月　　日

?ぴったりクイズ 答えはこのページの下にあるよ！

バレエダンサーは、つま先で立つことができるように特別なシューズをはくよ。何という名前のシューズかな？

かきトリ 英語をなぞり、声に出してみましょう。

できたらチェック！ 書く □ 話す □

□頭
head

□つま先
toe

□手
hand

□うで
arm

□鼻
nose

□指
finger

ヒント
"nose" の se は「ス」ではなく「ズ」とにごる音になるので注意しよう。

□頭をさわってください。
Touch your head.

□あごをさわってください。
Touch your chin.

□あしをさわってください。
Touch your leg.

▶読み方が分からないときは、左のページにもどって音声を聞いてみましょう。

やりトリ 相手にさわってほしい体の場所を書いて、声に出してみましょう。

できたらチェック！ 書く □ 話す □

Touch your ＿＿＿＿＿＿＿＿.

つたえるコツ
最初の"Touch"と最後の体の場所を表す言葉をはっきりと言おう。

▶あてはめる英語は、左のページや付録の小冊子、辞書などから探してみよう！

伝える練習ができたら、次はだれかと話してみよう！

ぴったりクイズの答え バレエダンサーがはくシューズの名前は"toe shoes(トウシューズ)"というよ。

Unit 2−② トランプをしよう

時間 30分 ／100 ごうかく 80点

答え 4ページ

1 音声を聞き、さわるように指示されている体の場所を下の㋐〜㋒から選び、（　）に記号を書きましょう。 トラック35

技能 1問10点(20点)

㋐

㋑
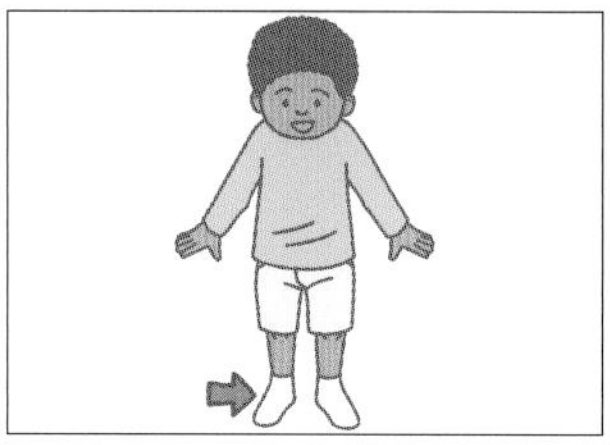

㋒

(1)（　　　　）　(2)（　　　　）

2 音声を聞き、それぞれの人物が身につけるように指示されているものを、線で結びましょう。 トラック36

技能 1問10点(30点)

(1)

Anna

(2)

Chris

(3)

Miki

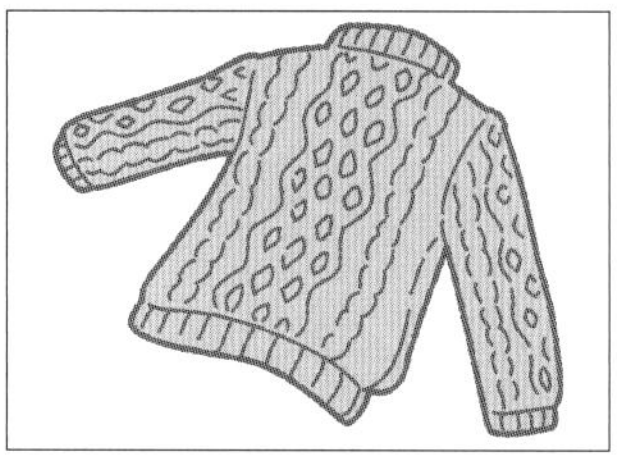

ふりかえり ❶が分からないときは、24ページにもどって確認しよう。

3 日本文の意味を表す英語(えいご)の文になるように、□の中から語を選んで□に書き、文全体をなぞりましょう。文の最初(さいしょ)の文字は大文字で書きましょう。

1問10点(20点)

(1) 座(すわ)ってください。

______ down.

(2) 後ろを向いてください。

______ around.

turn　sit

4 エミリーが3つの指示をしています。それぞれの日本文に合う英語の文を、□の中から選んで□に書きましょう。

思考・判断・表現　1問10点(30点)

Emily

(1) 頭をさわってください。

(2) 立ってください。

(3) ぼうしをかぶってください。

Put on your cap.　Touch your head.

Stand up.

Unit 3
月曜日が好きです①

めあて
「わたしは〜にいます。」
と伝えることができる。

「わたしは〜にいます。」というときの伝え方

ききトリ 音声を聞き、声に出してみましょう。　🔊 トラック37〜38

アイム　イン　ホッカイドウ
I'm in Hokkaido.
わたしは北海道にいます。

せつめい　つたえる　I'm in 〜.で「わたしは〜にいます。」と自分のいる場所を伝えることができます。「〜」には地名など、場所を表す言葉を入れましょう。

ききトリ 音声を聞き、英語の言葉を言いかえて、文を読んでみましょう。　🔊 トラック39〜40

I'm in Hokkaido.

いいかえよう 🕐　国名や地名を表す言葉

□Egypt(エジプト)

□Indonesia(インドネシア)

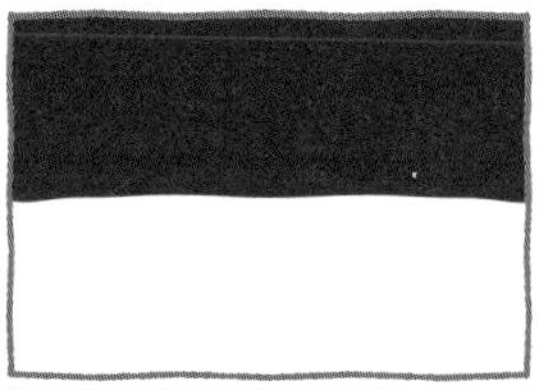

□the Philippines(フィリピン)

□India(インド)

□Brazil(ブラジル)

□Japan(日本)

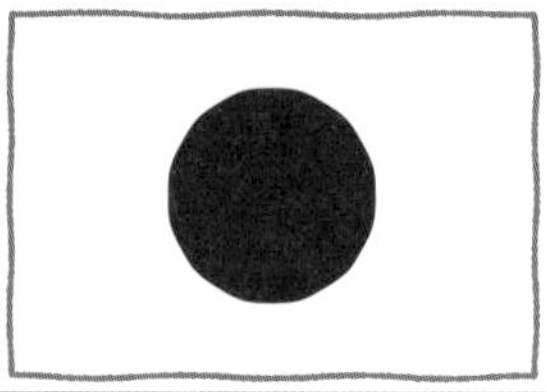

□Tokyo(東京)

□Kyoto(京都)

□Okinawa(沖縄)

ワンポイント
"I'm in"と言ったあとに、自分がいる場所を表す言葉を言おう。日本の地名はローマ字で表すよ。

これを知ったら
ワンダフル！
国名や地名を表す言葉は、最初の文字を大文字にするんだね。

ぴったり2

練習

学習日　月　日

?ぴったりクイズ　答えはこのページの下にあるよ！

"the Philippines(フィリピン)"は言葉の最後に2つ以上(複数)を表すsが付いているんだ。なぜか分かるかな？

かきトリ　英語をなぞり、声に出してみましょう。

できたらチェック！　書く　話す

□日本
Japan

□インドネシア
Indonesia

ヒント
「フィリピン」は、"the"を書くのを忘れないようにしよう。

□エジプト
Egypt

□インド
India

□ブラジル
Brazil

□フィリピン
the Philippines

□わたしは北海道にいます。
I'm in Hokkaido.

□わたしはブラジルにいます。
I'm in Brazil.

□わたしはフィリピンにいます。
I'm in the Philippines.

▶読み方が分からないときは、左のページにもどって音声を聞いてみましょう。

やりトリ　自分がいる国名や地名を書いて、声に出してみましょう。

できたらチェック！　書く　話す

I'm in ＿＿＿＿＿＿＿＿.

つたえるコツ
"in"のあとの国名や地名を表す言葉をはっきり言おう。

▶あてはめる英語は、左のページや付録の小冊子、辞書などから探してみよう！

伝える練習ができたら、次はだれかと話してみよう！

ぴったりクイズの答え　言葉の最後にsが付くのは、フィリピンにはたくさんの島があるからだと言われているよ。

ぴったり1 じゅんび

学習日　　月　　日

Unit 3 月曜日が好(す)きです②

めあて
「何曜日ですか。」とたずねたり答えたりできる。

曜日のたずね方 / 答え方

ききトリ　音声を聞き、声に出してみましょう。　トラック41〜42

(フ)ワット デイ イズ イット
What day is it?
何曜日ですか。

イッツ マンデイ
It's Monday.
月曜日です。

せつめい
たずねる　What day is it?で、「何曜日ですか。」とたずねることができます。
こたえる　曜日をたずねられたら、It's ～.(～です。)と答えます。「～」には曜日を表す言葉を入れましょう。

ききトリ　音声を聞き、英語(えいご)の言葉を言いかえて、文を読んでみましょう。　トラック43〜44

What day is it?

It's Monday.

ワンポイント
"What day is it?"とたずねられたら、"It's"と言ったあとに曜日を表す言葉を言おう。

いいかえよう　曜日を表す言葉

□Tuesday(火曜日)

□Wednesday(水曜日)

□Thursday(木曜日)

□Friday(金曜日)

□Saturday(土曜日)

□Sunday(日曜日)

これを知ったらワンダフル!
曜日を表す言葉は、国名と同じように最初(さいしょ)の文字を大文字で書くんだね。

ぴったり2
練習

学習日　月　日

ぴったりクイズ 答えはこのページの下にあるよ！

土曜日と日曜日は「週末（しゅうまつ）」と言うけれど、英語では何と言うか知っているかな？

かきトリ 英語をなぞり、声に出してみましょう。

できたらチェック！ 書く 話す

ヒント
"Wednesday"のつづりに注意しよう。

□月曜日
Monday

□火曜日
Tuesday

□水曜日
Wednesday

□木曜日
Thursday

□金曜日
Friday

□土曜日
Saturday

□日曜日
Sunday

□何曜日ですか。
What day is it?

□月曜日です。
It's Monday.

□水曜日です。
It's Wednesday.

▶読み方が分からないときは、左のページにもどって音声を聞いてみましょう。

やりトリ 自分はどう答えるかを書いて、声に出してみましょう。

できたらチェック！ 書く 話す

What day is it?

It's ＿＿＿＿＿＿＿＿.

つたえるコツ
曜日をたずねられているので、"It's"は小さく、そのあとの曜日を表す言葉をはっきりと言おう。

▶あてはめる英語は、左のページや付録（ふろく）の小冊子（しょうさっし）、辞書（じしょ）などから探（さが）してみよう！

答える練習ができたら、次はだれかに質問（しつもん）してみよう！

ぴったりクイズの答え 「週末」は"weekend"と言うよ。"week"は「週」、"end"は「終わり」という意味だよ。

ぴったり3
たしかめのテスト

Unit 3－① 月曜日が好きです

時間 30分　　／100　　ごうかく 80点

答え 5ページ

1 音声を聞き、内容に合う絵を下の㋐～㋒から選び、(　　)に記号を書きましょう。　トラック45

技能　1問10点(20点)

㋐

㋑

㋒

(1) (　　　　)　(2) (　　　　)

2 音声を聞き、それぞれの人物が今いる場所を、線で結びましょう。　トラック46

技能　1問10点(30点)

(1)

Sayo ・

(2)

Ren ・

(3)

Olivia ・

・

Okinawa

・

Tokyo

・

India

ふりかえり　1が分からないときは、30ページにもどって確認しよう。

❸ 日本文の意味を表す英語の文になるように、□□の中から語を選んで□に書き、文全体をなぞりましょう。

1問10点（20点）

（1）何曜日ですか。

What _____ is it?

（2）（（1）に答えて）木曜日です。

It's _____ .

Thursday　　day

❹ たける、エミリー、クリスの3人が、今いる場所を話しています。日本文に合う英語の文を、□□の中から選んで□に書きましょう。

思考・判断・表現　1問10点（30点）

Takeru

（1）わたしは日本にいます。

Emily

（2）わたしはインドネシアにいます。

Chris

（3）わたしはフィリピンにいます。

I'm in the Philippines.　　I'm in Japan.

I'm in Indonesia.

ぴったり1
じゅんび

Unit 3
月曜日が好(す)きです③

学習日　　月　　日

めあて
好きなものをたずねたり答えたりすることができる。

好きなもののたずね方 / 答え方

ききトリ 音声を聞き、声に出してみましょう。　トラック47～48

ドゥ　ユー　ライク　マンデイズ
Do you like Mondays?
あなたは月曜日が好きですか。

イエス　アイ ドゥー
Yes, I do.
はい、好きです。

ノウ　アイ　ドウント
No, I don't.
いいえ、好きではありません。

せつめい

たずねる Do you like ～?で、「あなたは～が好きですか。」と相手に好きなものをたずねることができます。「～」には、曜日や食べものなどを表す言葉を入れましょう。

こたえる 「はい、好きです。」と答えるときは、Yes, I do.と言います。「いいえ、好きではありません。」と答えるときは、No, I don't.と言います。

ききトリ 音声を聞き、英語(えいご)の言葉を言いかえて、文を読んでみましょう。　トラック49～50

Do you like Mondays ?

いいかえよう 食べものを表す言葉

□mushrooms(キノコ)

□watermelons(スイカ)

□soup(スープ)

□pies(パイ)

□salad(サラダ)

□sandwiches(サンドイッチ)
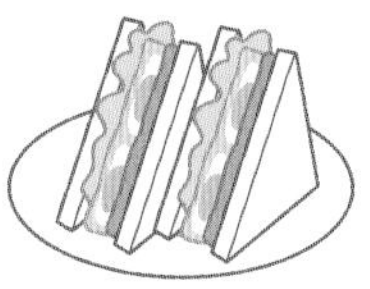

□fish(魚)

□ice cream(アイスクリーム)

□pizza(ピザ)

Yes, I do. / No, I don't.

ワンポイント
"Do you like"と言ったあとに、好きかどうかたずねたいものを表す言葉を言おう。"Do you ～?"には、"Yes"か"No"を使って答えよう。

これを知ったらワンダフル!
"Do you ～?"に"Yes"や"No"で答えたあとに、好きな理由、好きではない理由を続(つづ)けると、相手に自分のことがよく伝(つた)わるよ。

▶ 小冊子(しょうさっし)のp.6～9で、もっと言葉や表現(ひょうげん)を学ぼう！

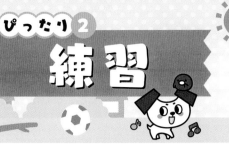

ぴったり2

練習

学習日　月　日

?ぴったりクイズ　答えはこのページの下にあるよ！

"king trumpet mushroom"と呼ばれるキノコは次のうちどれかな？
① しいたけ　② エリンギ　③ しめじ

かきトリ　英語をなぞり、声に出してみましょう。

できたらチェック！ 書く 話す

□スープ
soup

□パイ
pies

ヒント
"pies"の ie のつづりと発音に注意しよう。

□サラダ
salad

□サンドイッチ
sandwiches

□スイカ
watermelons

□キノコ
mushrooms

□あなたは月曜日が好きですか。
Do you like Mondays?

□はい、好きです。
Yes, I do.

□いいえ、好きではありません。
No, I don't.

▶読み方が分からないときは、左のページにもどって音声を聞いてみましょう。

やりトリ　相手に好きなものをたずねてみましょう。

できたらチェック！ 書く 話す

Do you like ＿＿＿＿?

Yes, I do. / No, I don't.

つたえるコツ
"Do you ～?"は文の終わりを上げて言おう。

▶あてはめる英語は、左のページや付録の小冊子、辞書などから探してみよう！

たずねる練習ができたら、次はだれかの質問に答えてみよう！

ぴったりクイズの答え　"king trumpet mushroom"は「エリンギ」のことだよ。

ぴったり1 じゅんび

Unit 3 月曜日が好き（す）です④

学習日　　月　　日

めあて
「わたしは〜します。」と動作を伝（つた）えることができる。

「わたしは〜します。」というときの伝え方

ききトリ 音声を聞き、声に出してみましょう。　トラック51〜52

アイ　プレイ　テニス　ア(ー)ン　マンデイズ
I play tennis on Mondays.
わたしは月曜日にテニスをします。

せつめい　つたえる　I(わたしは)のあとに動作を表す言葉を入れて、「わたしは〜をします。」と伝えることができます。
onのあとに曜日を表す言葉を入れて、「〜曜日に」と伝えることができます。

ききトリ 音声を聞き、英語（えいご）の言葉を言いかえて、文を読んでみましょう。　トラック53〜54

I **play tennis** on Mondays.

いいかえよう　動作を表す言葉

□play soccer
（サッカーをする）

□play with my friends
（友だちと遊ぶ）

□play the piano
（ピアノをひく）

□go swimming
（水泳に行く）

□watch TV
（テレビを見る）

□study English
（英語を勉強する）

ABC

□clean my room
（部屋をそうじする）

□do homework
（宿題をする）

ワンポイント
"I"と"on　Mondays"の間に、動作を表す言葉を入れよう。なれてきたら、"on"のあとの曜日をかえて言ってみよう。

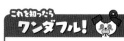

これを知ったらワンダフル!
"play"には、「(スポーツ)をする」、「遊ぶ」、「(楽器（がっき）)をひく」などの意味があるよ。

小冊子（しょうさっし）のp.4〜5で、もっと言葉や表現（ひょうげん）を学ぼう！

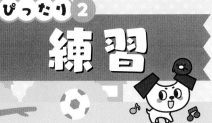

ぴったり2

練習

学習日 月 日

? ぴったりクイズ 答えはこのページの下にあるよ！

英語の“TV”と日本語の「テレビ」は、ある言葉を短くしたものだよ。何という言葉か分かるかな？

かきトリ 英語をなぞり、声に出してみましょう。

できたらチェック！ 書く 話す

ヒント
“TV”は2文字とも大文字で書くことに注意しよう。

□水泳に行く

go swimming

□ピアノをひく

play the piano

□サッカーをする

play soccer

□部屋をそうじする

clean my room

□テレビを見る

watch TV

□英語を勉強する

study English

□宿題をする

do homework

□わたしは月曜日にテニスをします。

I play tennis on Mondays.

□わたしは金曜日に友だちと遊びます。

I play with my friends on Fridays.

▶読み方が分からないときは、左のページにもどって音声を聞いてみましょう。

やりトリ 月曜日にすることを書いて、声に出してみましょう。

できたらチェック！ 書く 話す

I ＿＿＿＿＿＿＿＿ on Mondays.

つたえるコツ
動作を表す言葉と、曜日を表す言葉を大きくはっきりと言おう。

▶あてはめる英語は、左のページや付録の小冊子、辞書などから探してみよう！

伝える練習ができたら、次はだれかと話してみよう！

ぴったりクイズの答え “TV”は“television”、「テレビ」は「テレビジョン」を短くした言葉だよ。

ぴったり3 たしかめのテスト

Unit 3－② 月曜日が好きです

時間 30分

／100

ごうかく 80点

答え 6ページ

1 音声を聞き、みさきが好きなものを下の㋐～㋒から２つ選び、(　　)に記号を書きましょう。 トラック55

技能 1つ10点(20点)

㋐ 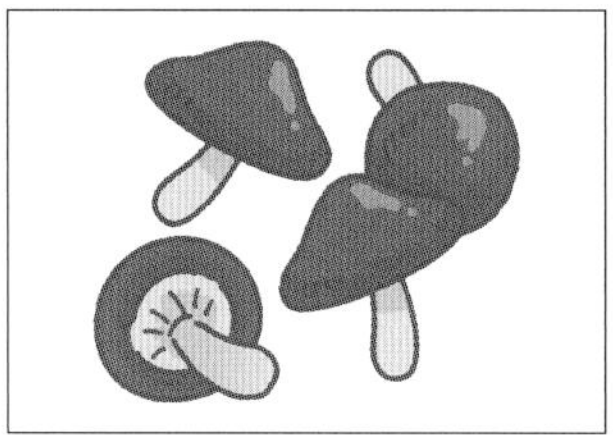

㋑ 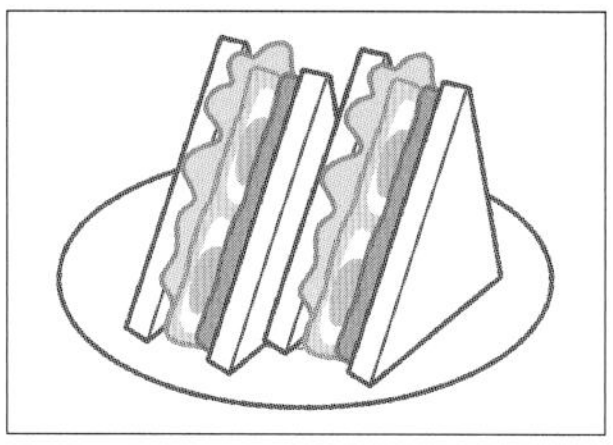

㋒ 

(　　　　) (　　　　)

2 たけるがスピーチをしています。音声を聞き、たけるがそれぞれの曜日にすることを、線で結びましょう。 トラック56

技能 1つ10点(30点)

月曜日	水曜日	金曜日

ふりかえり ❷が分からないときは、36ページにもどって確認しよう。

3 日本文の意味を表す英語(えいご)の文になるように、[　　]の中から語を選んで[　　]に書き、文全体をなぞりましょう。

1問10点(20点)

(1) あなたはスイカが好きですか。

Do you like [　　　　] ?

(2) ((1)に答えて)いいえ、好きではありません。

No, I [　　　　] .

watermelons　　don't

4 エミリーがまさとに話しかけています。それぞれの日本文に合う英語の文を、[　　]の中から選んで[　　]に書きましょう。

思考・判断・表現　1問10点(30点)

Emily

(1) あなたは日曜日が好きですか。

Masato

(2) はい、好きです。

(3) わたしは日曜日にサッカーをします。

Yes, I do.　　Do you like Sundays?

I play soccer on Sundays.

この本の終わりにある「夏のチャレンジテスト」をやってみよう！

ぴったり1 じゅんび

Unit 4 何時ですか①

学習日　月　日

めあて
「何時ですか。」と時刻をたずねたり答えたりできる。

時刻のたずね方 / 答え方

ききトリ 音声を聞き、声に出してみましょう。 トラック57～58

(フ)ワット　タイム　イズ　イット
What time is it?
何時ですか。

イッツ　エイト サーティ
It's 8:30.
8時30分です。

せつめい
たずねる　What time is it?で、「何時ですか。」と時刻をたずねることができます。
こたえる　It's ～.(～です。)で時刻を答えましょう。「～」には8：30のように時刻を入れます。

ききトリ 音声を聞き、英語の言葉を言いかえて、文を読んでみましょう。 トラック59～60

What time is it?

It's 8:30.

ワンポイント
"It's"と言ったあとに「時」→「分」の順に言うんだね。

いいかえよう　時刻を表す言葉

□10:15(ten fifteen)
(10時15分)

□11:30(eleven thirty)
(11時30分)

□1:13(one thirteen)
(1時13分)

□2:50(two fifty)
(2時50分)

□6:14(six fourteen)
(6時14分)

□12:40(twelve forty)
(12時40分)

これを知ったらワンダフル!
「13」「14」「15」を表す言葉はteenで終わっているね。「30」「40」「50」を表す言葉はtyで終わっているね。

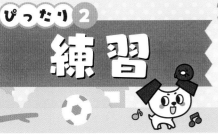

ぴったり2

練習

学習日　　月　　日

ぴったりクイズ 答えはこのページの下にあるよ！

小説(しょうせつ)やアニメに出てくる、時間を飛(と)びこえて未来(みらい)へ行ったり、昔にもどったりすることができる乗りものは何かな？

かきトリ 英語をなぞり、声に出してみましょう。

できたらチェック！ 書く □ 話す □

□8
eight

□30
thirty

ヒント
"forty" は "fourty" と書かないように注意しよう。

□10時15分
ten fifteen

□2時50分
two fifty

□6時14分
six fourteen

□12時40分
twelve forty

□1時13分
one thirteen

□11時30分
eleven thirty

□何時ですか。
What time is it?

□8時30分です。
It's eight thirty.

▶読み方が分からないときは、左のページにもどって音声を聞いてみましょう。

やりトリ いまの時刻を書いて、声に出してみましょう。

できたらチェック！ 書く □ 話す □

What time is it?

It's ＿＿＿＿＿＿＿＿.

つたえるコツ
"It's"は少し小さく、時刻を表す言葉は大きくはっきりと言うようにしよう。

▶あてはめる英語は、左のページや付録(ふろく)の小冊子(しょうさっし)、辞書(じしょ)などから探(さが)してみよう！

答える練習ができたら、次はだれかに質問(しつもん)してみよう！

ぴったりクイズの答え 時間を行き来できる乗りものは"Time Machine(タイムマシーン)"だよ。

ぴったり1 じゅんび

Unit 4 何時ですか②

学習日　月　日

めあて
「～の時間です。」と伝えることができる。

「～の時間です。」というときの伝え方

ききトリ 音声を聞き、声に出してみましょう。　トラック61～62

イッツ ファイヴ ピーエム
It's 5 p.m.
午後5時です。

イッツ ホウムワーク タイム
It's "Homework Time."
宿題の時間です。

せつめい　つたえる　It's ～ a.m.で「午前～時です。」と午前の時刻を伝えることができます。午後の時刻はIt's ～ p.m.(午後～時です。)と言います。
It's "～ Time."で「～の時間です。」と日課を伝えることができます。「～」には、その時間にすることを入れましょう。

ききトリ 音声を聞き、英語の言葉を言いかえて、文を読んでみましょう。　トラック63～66

It's 5 p.m.

いいかえよう　時刻を表す言葉

□8 a.m.(午前8時)

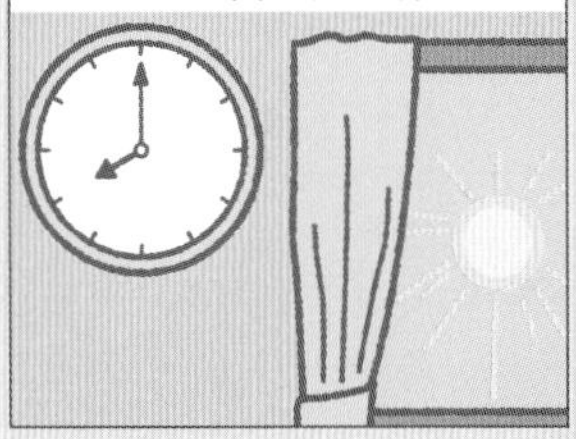

□10 a.m.(午前10時)

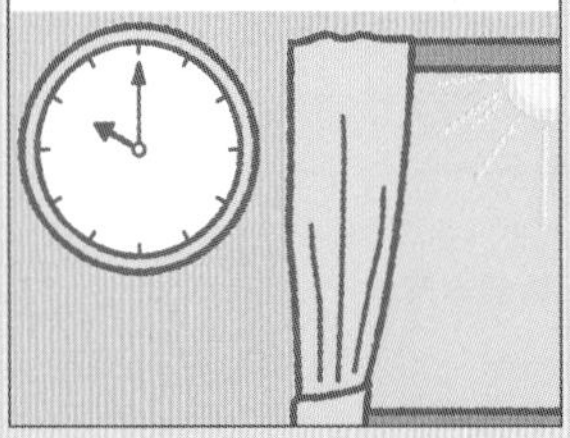

□9 p.m.(午後9時)

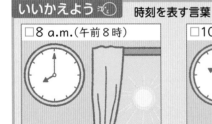

ワンポイント
「午前～時」と言うときは、時刻のあとに"a.m."を、「午後～時」と言うときには、"p.m."を続けよう。

It's "Homework Time."

いいかえよう　日課を表す言葉

□Wake-up Time
(起きる時間)

□Dinner Time
(夕食の時間)

□Snack Time
(おやつの時間)

これを知ったらワンダフル!
"Time"は「時間」という意味で、「日課(すること)」→「時間」の順番で言うんだね。

ぴったり2

練習

学習日　月　日

?ぴったりクイズ 答えはこのページの下にあるよ！

真夜中の「午前0時」を表すときによく使われるのは次のうちどれかな？

① 0 a.m.　② 0 p.m.　③ 12 a.m.　④ 12 p.m.

かきトリ 英語をなぞり、声に出してみましょう。

できたらチェック！ 書く 話す

□午後5時
5 p.m.

□午前8時
8 a.m.

□午前10時
10 a.m.

□午後9時
9 p.m.

ヒント
"a.m."と"p.m."はアルファベットの間の"."を忘れないように注意しよう。

□おやつの時間
Snack Time

□宿題の時間
Homework Time

□夕食の時間
Dinner Time

□起きる時間
Wake-up Time

□午後5時です。
It's 5 p.m.

□宿題の時間です。
It's "Homework Time."

▶読み方が分からないときは、左のページにもどって音声を聞いてみましょう。

やりトリ 自分はどう言うかを書いて、声に出してみましょう。

できたらチェック！ 書く 話す

It's 7 p.m.

It's "＿＿＿＿＿＿."

つたえるコツ
"a.m.(午前)"や"p.m.(午後)"は大切な情報だから大きくはっきりと言おう。

▶あてはめる英語は、左のページや付録の小冊子、辞書などから探してみよう！

伝える練習ができたら、次はだれかと話してみよう！

ぴったりクイズの答え 「午前0時」を表すときは、12 a.m.がよく使われるよ。

ぴったり1 じゅんび

Unit 4 何時ですか③

学習日　　月　　日

めあて：好きな日課の時間を伝えたり、たずねたりすることができる。

「～の時間が好きです。」というときの伝え方／「あなたはどうですか。」というたずね方

ききトリ 音声を聞き、声に出してみましょう。　トラック67～68

アイ ライク　ランチ　タイム　　ハウ　アバウト　ユー

I like "Lunch Time." How about you?
わたしは昼食の時間が好きです。あなたはどうですか。

アイ ライク　バス　タイム

I like "Bath Time."
わたしはおふろの時間が好きです。

せつめい

たずねる I like "～ Time."(わたしは～の時間が好きです。)で好きな日課の時間を伝えたあと、相手の好きな日課の時間をたずねるときは、How about you?(あなたはどうですか。)と言います。

こたえる How about you?とたずねられたら、I like "～ Time."(わたしは～の時間が好きです。)で、好きな日課の時間を答えます。

ききトリ 音声を聞き、英語の言葉を言いかえて、文を読んでみましょう。　トラック69～70

I like "Lunch Time."
How about you?

I like "Bath Time."

いいかえよう 日課を表す言葉

□Breakfast Time
（朝食の時間）

□Study Time
（勉強の時間）

□TV Time
（テレビの時間）

□Bed Time
（ねる時間）

□Dream Time
（夢の時間）

ワンポイント
"I like"のあとに好きな日課の時間を表す言葉を言うんだね。

これを知ったらワンダフル！
"How about you?(あなたはどうですか。)"は、「あなたはどの時間が好きですか。」という内容をたずねているよ。

ぴったり2
練習

学習日　　月　　日

?ぴったりクイズ 答えはこのページの下にあるよ！

イギリスには温泉(おんせん)で有名な市があるよ。何という名前の市か知っているかな？

かきトリ 英語をなぞり、声に出してみましょう。

できたらチェック！ 書く 話す

ヒント
“～ Time(～の時間)”は、それぞれの言葉の最初(さいしょ)のアルファベットを大文字で書こう。

□朝食の時間
Breakfast Time

□昼食の時間
Lunch Time

□テレビの時間
TV Time

□勉強の時間
Study Time

□おふろの時間
Bath Time

□ねる時間
Bed Time

□夢の時間
Dream Time

□わたしは昼食の時間が好きです。
I like “Lunch Time.”

□あなたはどうですか。
How about you?

▶読み方が分からないときは、左のページにもどって音声を聞いてみましょう。

やりトリ あなたならどう言うかを書いて、声に出してみましょう。

できたらチェック！ 書く 話す

I like “＿＿＿＿＿＿＿＿.”
How about you?

I like “Breakfast Time.”

つたえるコツ
“How about you?”は、“you”を大きく言って、終わりは下げて言おう。

▶あてはめる英語は、左のページや付録(ふろく)の小冊子(しょうさっし)、辞書(じしょ)などから探(さが)してみよう！

たずねる練習ができたら、次はだれかの質問(しつもん)に答えてみよう！

ぴったりクイズの答え 温泉で有名なイギリスの市は“Bath(バース)”というよ。

ぴったり3

たしかめのテスト

Unit 4
何時ですか

時間 30 分

／100

ごうかく 80 点

答え 7ページ

1 音声を聞き、内容に合う絵を下の㋐～㋒から選び、(　　)に記号を書きましょう。

トラック71

技能 1問10点(20点)

㋐

㋑

㋒

(1) (　　　　)　(2) (　　　　)

2 音声を聞き、それぞれの時刻にする日課を、線で結びましょう。

トラック72

技能 1問10点(30点)

(1) 午前６時

(2) 午後３時

(3) 午後８時

ふりかえり **1**が分からないときは、40ページにもどって確認しよう。

3 日本文の意味を表す英語（えいご）の文になるように、　　の中から語を選んで　　に書き、文全体をなぞりましょう。文の最初（さいしょ）の文字は大文字で書きましょう。

1問10点(20点)

(1) 何時ですか。

______ time is it?

(2) ((1)に答えて)午前11時です。

It's 11 ______

a.m.　　what

4 クリスとみきが話しています。日本文に合う英語の文を、　　の中から選んで　　に書きましょう。

思考・判断・表現　1問10点(30点)

Chris

(1) わたしは昼食の時間が好きです。

(2) あなたはどうですか。

Miki

(3) わたしはおやつの時間が好きです。

I like "Snack Time."　　I like "Lunch Time."

How about you?

ぴったり1 じゅんび

学習日　　月　　日

Unit 5 ペンを持っていますか①

めあて
「～を持っていますか。」とたずねたり答えたりすることができる。

「～を持っていますか。」というたずね方 / 答え方

ききトリ　音声を聞き、声に出してみましょう。　トラック73～74

ドゥ　ユー　ハヴ　ア　ペン
Do you have a pen?
あなたはペンを持っていますか。
イエス　アイ　ドゥー
Yes, I do.
はい、持っています。
ノウ　アイ　ドウント
No, I don't.
いいえ、持っていません。

せつめい

たずねる　「あなたは～を持っていますか。」とたずねるときは、Do you have ～?と言います。「～」には、身の回りのものなどを表す言葉を入れましょう。

こたえる　「はい、持っています。」と答えるときは、Yes, I do.と言います。「いいえ、持っていません。」と答えるときは、No, I don't.と言います。

ききトリ　音声を聞き、英語の言葉を言いかえて、文を読んでみましょう。　トラック75～76

Do you have **a pen**?

いいかえよう　身の回りのものを表す言葉

□a marker（マーカー）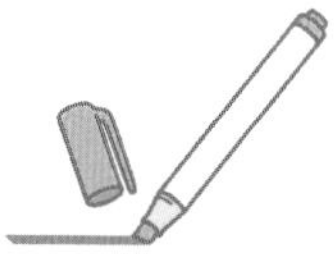	□a glue stick（スティックのり）	□a pencil case（筆箱）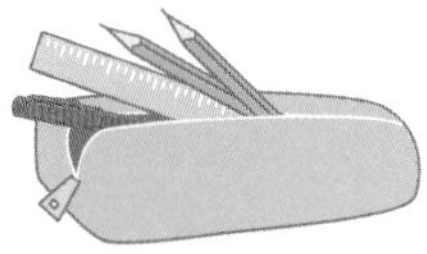
□a stapler（ホッチキス）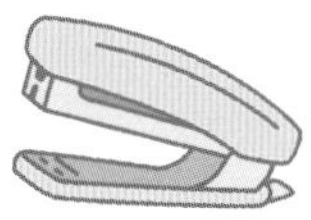	□a magnet（じしゃく）	□a pencil sharpener（えんぴつけずり）
□a desk（机）	□a chair（いす）	□a clock（時計）

Yes, I do. / No, I don't.

ワンポイント
"Do you have"と言ったあとに身の回りのものなどを表す言葉を言おう。

これを知ったらワンダフル!
"a"は数が1つあることを表す言葉だよ。2つ以上あるときは"a"がなくなるよ。

小冊子のp.10～13で、もっと言葉や表現を学ぼう！

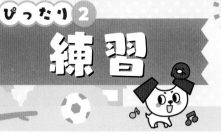

ぴったり2

練習

学習日　　月　　日

?ぴったりクイズ 答えはこのページの下にあるよ！

“clock”は「置き時計」や「かけ時計」のことだよ。「うで時計」は英語で何と言うか知っているかな？

かきトリ 英語をなぞり、声に出してみましょう。

できたらチェック！　書く　話す

ヒント：「スティックのり」は、“glue”と“stick”の間を少しはなして書こう。

□机
a desk

□いす
a chair

□マーカー
a marker

□じしゃく
a magnet

□ホッチキス
a stapler

□スティックのり
a glue stick

□あなたはペンを持っていますか。
Do you have a pen?

□はい、持っています。
Yes, I do.

□いいえ、持っていません。
No, I don’t.

▶読み方が分からないときは、左のページにもどって音声を聞いてみましょう。

やりトリ 自分はどうたずねるかを書いて、声に出してみましょう。

できたらチェック！　書く　話す

Do you have ＿＿＿＿＿＿＿＿?

Yes, I do.

つたえるコツ
“Do you have ～?”でたずねるときは、文の最後を上げて言おう。

▶あてはめる英語は、左のページや付録の小冊子、辞書などから探してみよう！

たずねる練習ができたら、次はだれかの質問に答えてみよう！

ぴったりクイズの答え 「うで時計」は英語で“watch”だよ。

ぴったり1 じゅんび

Unit 5 ペンを持っていますか②

学習日　　月　　日

めあて
もの の数をたずねたり答えたりすることができる。

数のたずね方 / 答え方

ききトリ　音声を聞き、声に出してみましょう。　トラック77～78

ハウ　メニィ　ノウトブックス
How many notebooks?
ノートは何冊(なんさつ)ありますか。

スリー　ノウトブックス
Three notebooks.
3冊のノートがあります。

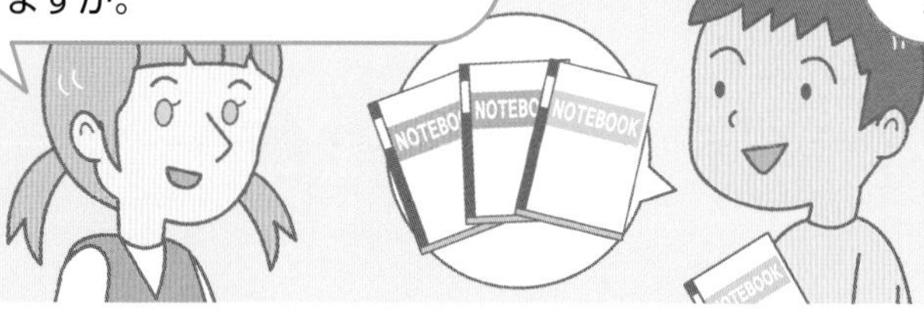

せつめい

たずねる　How many ～?で、「～はいくつありますか。」と数をたずねることができます。「～」には、数が知りたいものを表す言葉を入れましょう。

こたえる　〈数を表す言葉＋ものを表す言葉〉で、ものの数を伝(つた)えることができます。Three notebooks.は「3冊のノートがあります。」という意味になります。

ききトリ　音声を聞き、英語(えいご)の言葉を言いかえて、文を読んでみましょう。　トラック79～82

How many **notebooks** ?

いいかえよう　身の回りのものを表す言葉

□rulers(じょうぎ) 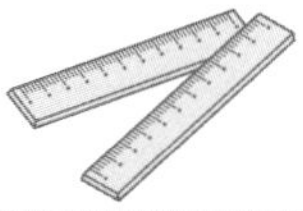	□pencils(えんぴつ) 	□crayons(クレヨン) 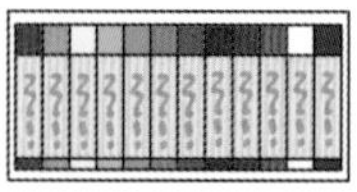

ワンポイント
"How many"のあとに、ものを表す言葉を入れて、ものの数をたずねるよ。

Three notebooks.

いいかえよう　数を表す言葉

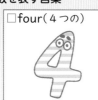

□two(2つの) 	□four(4つの) 	□five(5つの) 	□six(6つの) 
□seven(7つの) 	□eight(8つの) 	□nine(9つの) 	□ten(10の) 

これを知ったらワンダフル!
"rulers" や "pencils" のように、最後(さいご)にsが付(つ)いている言葉は、数が2つ以上(いじょう)あることを表すよ。

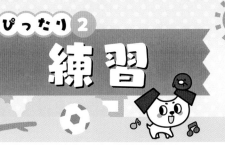

ぴったり2

練習

学習日　　月　　日

ぴったりクイズ　答えはこのページの下にあるよ！

アメリカで不吉（ふきつ）だと考えられている数字は次のうちどれかな？

① 3　② 7　③ 13

かきトリ　英語をなぞり、声に出してみましょう。

できたらチェック！　書く　話す

□ 2つの
two

□ 3つの
three

□ 4つの
four

□ 5つの
five

□ 6つの
six

□ 7つの
seven

□ 8つの
eight

□ 9つの
nine

□ じょうぎ
rulers

□ クレヨン
crayons

□ ノートは何冊ありますか。
How many notebooks?

□ 3冊のノートがあります。
Three notebooks.

ヒント
“notebooks”の s は「ス」の音、“rulers” と“crayons” の s は「ズ」の音だよ。

▶ 読み方が分からないときは、左のページにもどって音声を聞いてみましょう。

やりトリ　自分はどう言うかを書いて、声に出してみましょう。

できたらチェック！　書く　話す

How many pencils?

＿＿＿＿ pencils.

つたえるコツ
数をたずねられているので、答えるときは数を表す言葉を大きくはっきりと言おう。

▶ あてはめる英語は、左のページや付録（ふろく）の小冊子（しょうさっし）、辞書（じしょ）などから探（さが）してみよう！

答える練習ができたら、次はだれかに質問（しつもん）してみよう！

ぴったりクイズの答え　アメリカで不吉だと考えられている数字は13だよ。

ぴったり3

たしかめのテスト

Unit 5−① ペンを持っていますか

時間 30 分

／100

ごうかく 80 点

答え 8ページ

1 音声を聞き、内容に合う絵を下の㋐～㋒から選び、(　　)に記号を書きましょう。 トラック83

技能 1問10点(20点)

㋐

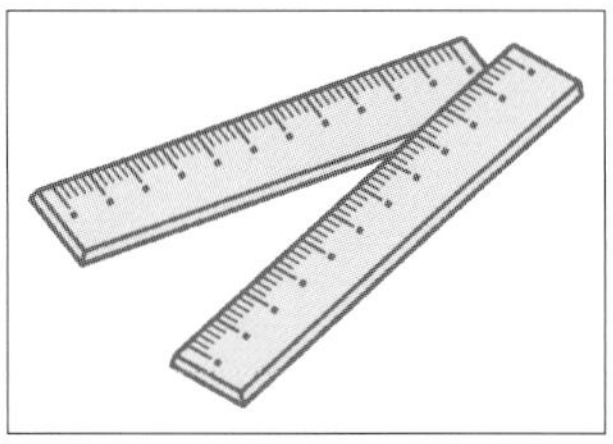

㋑

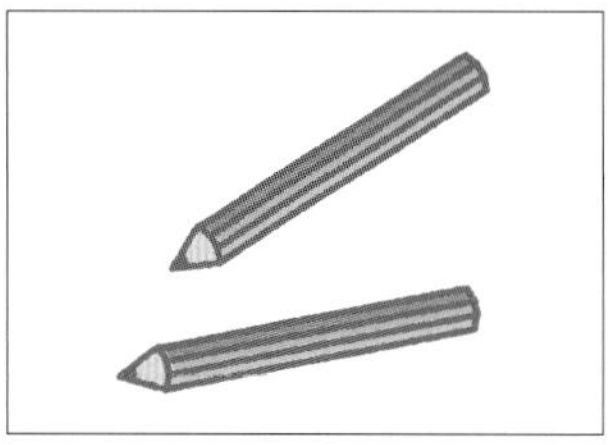

㋒

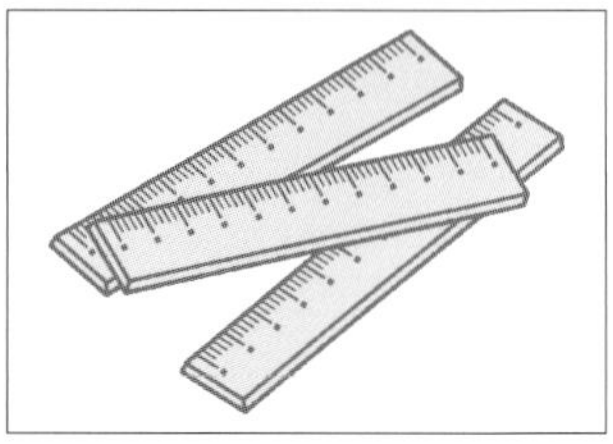

(1) (　　　　)　(2) (　　　　)

2 音声を聞き、それぞれの人物が持っているものを、線で結びましょう。 トラック84

技能 1問10点(30点)

(1)

Kaito

(2)

Emily

(3)

Chris

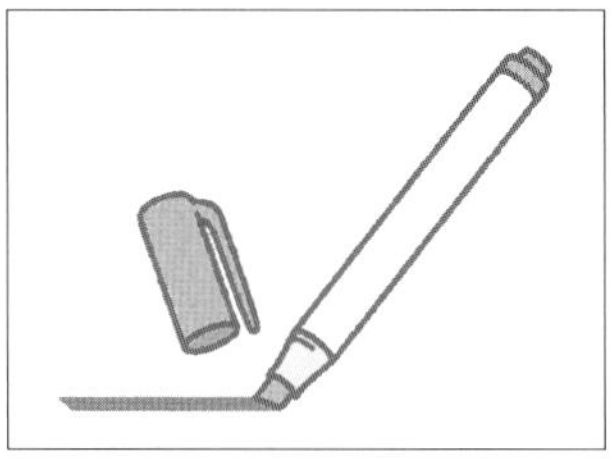

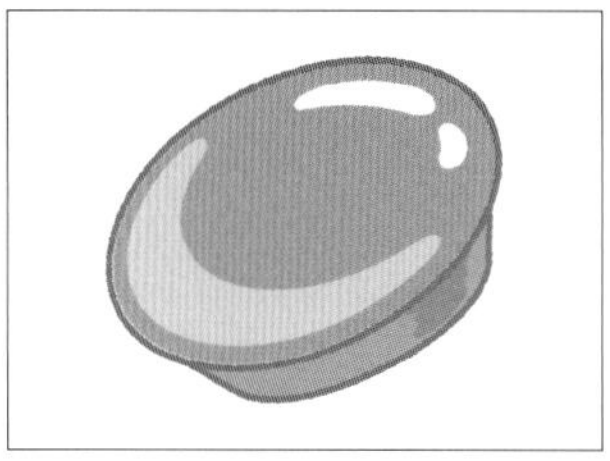

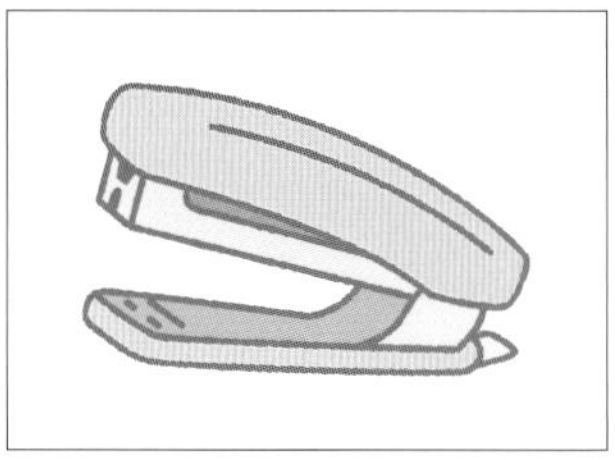

ふりかえり ❶が分からないときは、50ページにもどって確認しよう。

3 日本文の意味を表す英語の文になるように、[　]の中から語を選んで[　]に書き、文全体をなぞりましょう。

1問10点(20点)

(1) あなたはスティックのりを持っていますか。

Do you have ＿＿＿＿ ?

(2) ((1)に答えて)いいえ、持っていません。

No, I ＿＿＿＿ .

don't　　a glue stick

4 たけるがお店で店員と話しています。日本文に合う英語の文を、[　]の中から選んで[　]に書きましょう。

思考・判断・表現　1問10点(30点)

Takeru

Do you have crayons?

店員

(1) はい、あります。

＿＿＿＿

Takeru

(2) クレヨンは何本ありますか。

＿＿＿＿

店員

(3) 10本のクレヨンがあります。

＿＿＿＿

How many crayons?　　Yes, I do.　　Ten crayons.

ぴったり1 じゅんび

Unit 5 ペンを持っていますか③

学習日　月　日

めあて
相手にたのみごとをすることができる。

「わたしの～を見つけてくれますか。」というときのたずね方

ききトリ 音声を聞き、声に出してみましょう。　トラック85～86

キャン　ユー　ファインド　マイ　ペンスル　ケイス
Can you find my pencil case?
わたしの筆箱を見つけてくれますか。

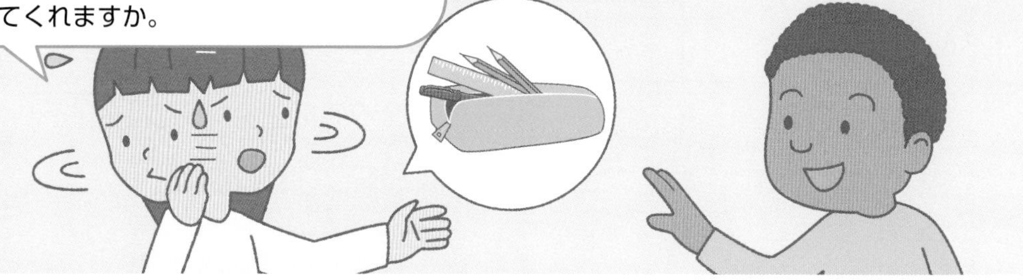

せつめい たずねる Can you find my ～?で、「わたしの～を見つけてくれますか。」と相手にたのむことができます。「～」には、見つけてほしいものを表す言葉を入れましょう。Can you ～?は「～してくれますか。」と相手にたのむときの言い方です。

ききトリ 音声を聞き、英語(えいご)の言葉を言いかえて、文を読んでみましょう。　トラック87～88

Can you find my pencil case?

いいかえよう 身の回りのものを表す言葉

□eraser(消しゴム)
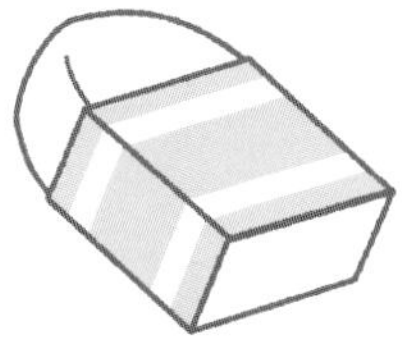

□water bottle(水とう)
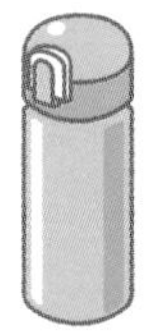

□scissors(はさみ)

□calendar(カレンダー)

□textbook(教科書)

□bag(かばん)

□indoor shoes(うわばき)

□color pencils(色えんぴつ)

□sandals(サンダル)

ワンポイント
"Can you find my"と言ったあとに、見つけてほしいものを言うんだね。

これを知ったらワンダフル!
"my"は「わたしの」という意味の言葉だよ。だから"my pencil case"で「わたしの筆箱」という意味になるんだね。

小冊子(しょうさっし)のp.10～13で、もっと言葉や表現(ひょうげん)を学ぼう!

ぴったり2

練習

学習日　　月　　日

?ぴったりクイズ 答えはこのページの下にあるよ！

英語の"Rock(岩)-Paper(紙)-Scissors(はさみ)"は何のことか分かるかな？

かきトリ 英語をなぞり、声に出してみましょう。

できたらチェック！ 書く □ 話す □

□サンダル
sandals

□はさみ
scissors

□かばん
bag

□消しゴム
eraser

□教科書
textbook

□うわばき
indoor shoes

□カレンダー
calendar

□色えんぴつ
color pencils

□わたしの筆箱を見つけてくれますか。
Can you find my pencil case?

□わたしの水とうを見つけてくれますか。
Can you find my water bottle?

ヒント
"textbook" は"text" と"book" をはなして書かないように注意しよう。

▶読み方が分からないときは、左のページにもどって音声を聞いてみましょう。

やりトリ あなたならどうたずねるかを書いて、声に出してみましょう。

できたらチェック！ 書く □ 話す □

Can you find my ＿＿＿＿＿＿＿＿?

つたえるコツ
"Can you ～?"の文は終わりを上げて言おう。相手にお願いするように言ってみよう。

▶あてはめる英語は、左のページや付録の小冊子、辞書などから探してみよう！

たずねる練習ができたら、次はだれかに質問してみよう！

ぴったりクイズの答え "Rock-Paper-Scissors"は「じゃんけん」のことだよ。

ぴったり1 じゅんび

Unit 5 ペンを持っていますか④

学習日　　月　　日

めあて
「わたしは～を持っています。/持っていません。」と伝えることができる。

「わたしは～を持っています。/ 持っていません。」というときの伝え方

ききトリ 音声を聞き、声に出してみましょう。　トラック89～90

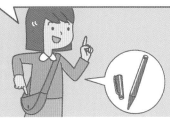

アイ　ハヴ　ア　レッド　ペン　イン　マイ　バッグ
I have a red pen in my bag.
わたしはかばんの中に赤いペンを持っています。

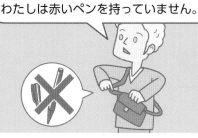

アイ　ドウント　ハヴ　ア　レッド　ペン
I don't have a red pen.
わたしは赤いペンを持っていません。

せつめい　つたえる　「わたしは～を持っています。」は、I have ～.と言います。持っていないときは、I don't have ～.と言います。「～」には、〈色や様子を表す言葉＋ものを表す言葉〉を入れましょう。「赤いペン」は、red penと言います。

ききトリ 音声を聞き、英語の言葉を言いかえて、文を読んでみましょう。　トラック91～94

I have a **red** pen in my bag.

いいかえよう　色を表す言葉

□yellow(黄色い)

□pink(ピンクの)

□purple(むらさきの)

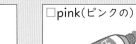

□blue(青い)

□white(白い)

□black(黒い)

ワンポイント
色や様子を表す言葉は、ものを表す言葉の前に入れるんだね。

I don't have a **red** pen.

いいかえよう　様子を表す言葉

□long(長い)
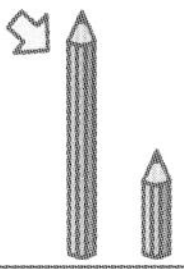

□short(短い)

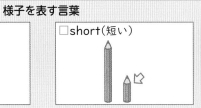

これを知ったらワンダフル!
"in my bag"は「わたしのかばんの中に」という意味だよ。"in"は「～の中に」と場所を表す言葉だよ。

ぴったり2

練習

学習日　　月　　日

? ぴったりクイズ　答えはこのページの下にあるよ！

"have"にはたくさんの意味があるよ。次のうち正しい意味はどれかな？
① 食べる　② 飲む　③ (ペットを)飼う

かきトリ　英語をなぞり、声に出してみましょう。

できたらチェック！　書く　話す

□黄色い　yellow

□青い　blue

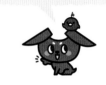

□ピンクの　pink

□むらさきの　purple

□白い　white

□黒い　black

□長い　long

□短い　short

□わたしはかばんの中に赤いペンを持っています。

I have a red pen in my bag.

□わたしは赤いペンを持っていません。

I don't have a red pen.

ヒント
"yellow"は l が 2 回続くことに注意しよう。

▶読み方が分からないときは、左のページにもどって音声を聞いてみましょう。

やりトリ　自分はどう言うかを書いて、声に出してみましょう。

できたらチェック！　書く　話す

I have a ＿＿＿＿ pen in my bag.

つたえるコツ
色や様子を表す言葉を大きくはっきりと言おう。どんなペンを持っているのか、相手によく伝わるよ。

▶あてはめる英語は、左のページや付録の小冊子、辞書などから探してみよう！

伝える練習ができたら、次はだれかと話してみよう！

ぴったりクイズの答え　①～③のすべてを"have"で表すことができるよ。辞書でほかの意味も調べてみよう。

Unit 5−② ペンを持っていますか

時間 30分

／100

ごうかく 80点

答え 9ページ

1 音声を聞き、内容に合う絵を下の㋐～㋒から選び、(　　)に記号を書きましょう。

トラック95

技能 1問10点(20点)

㋐ 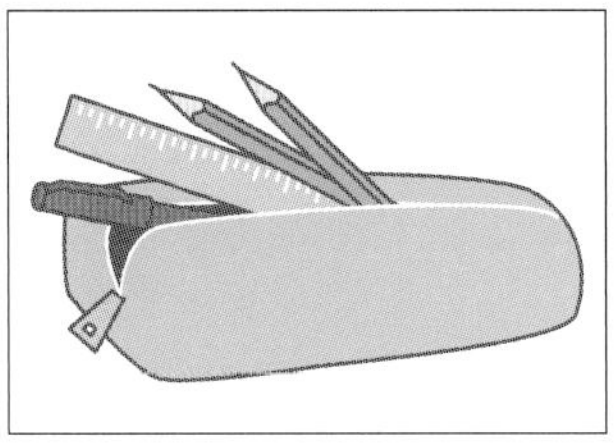

㋑ 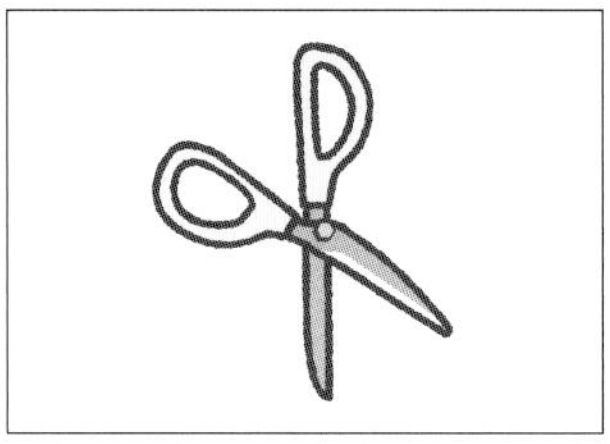

㋒ 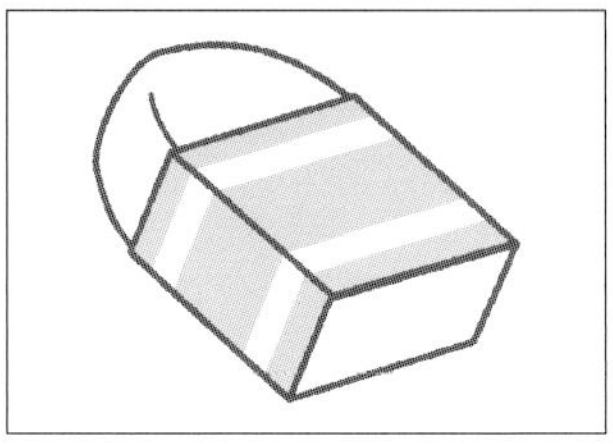

(1) (　　　　)　(2) (　　　　)

2 音声を聞き、それぞれの人物が持っているものを、線で結びましょう。

トラック96

技能 1問10点(30点)

(1) 

Robert

(2) 

Masami

(3) 

Ren

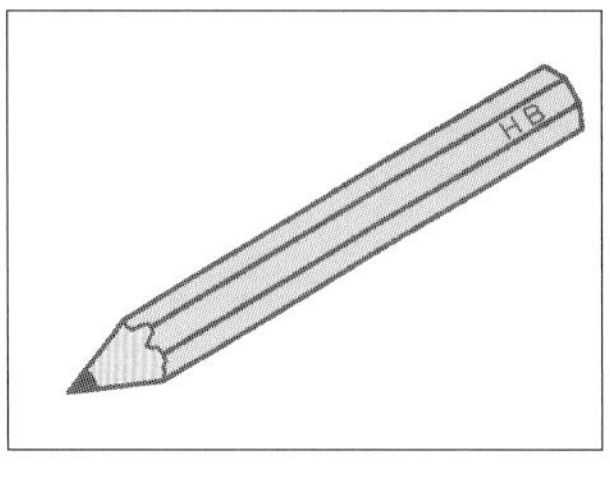

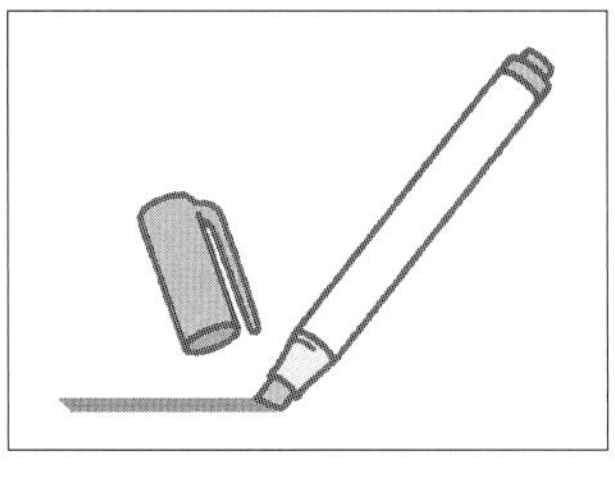

ふりかえり ❶が分からないときは、54ページにもどって確認しよう。

3 日本文の意味を表す英語(えいご)の文になるように、［　］の中から語句(ごく)を選んで［　］に書き、文全体をなぞりましょう。

1問10点(20点)

(1) わたしはむらさきのペンを持っています。

I have a ＿＿＿＿＿＿ .

(2) わたしは長いじょうぎを持っています。

I have a ＿＿＿＿＿＿ .

long ruler　　purple pen

4 みさきがかばんを探(さが)しています。それぞれの日本文に合う英語の文を、［　］の中から選んで［　］に書きましょう。

思考・判断・表現　1問10点(30点)

Misaki

(1) わたしのかばんを見つけてくれますか。

(2) わたしはかばんの中に赤いペンを持っています。

(3) わたしはホッチキスを持っていません。

I have a red pen in my bag.

I don't have a stapler.　　Can you find my bag?

ぴったり1 じゅんび

Unit 6 アルファベット①

学習日　　月　　日

めあて
看板(かんばん)などをたずねたり、「あれは〜です。」と答えたりすることができる。

「あの看板は何ですか。」というたずね方 / 答え方

ききトリ 音声を聞き、声に出してみましょう。　トラック97〜98

ザッツ　ザ　ポリース　バ(ー)ックス
That's the police box.
あれは交番です。

(フ)ワッツ　ザット　サイン　ピー　オウ　エル　アイ　スィー　イー
What's that sign? P-O-L-I-C-E.
あの看板は何ですか。P、O、L、I、C、Eです。

せつめい

たずねる　**What's that sign?**で、「あの看板は何ですか。」と遠くにある看板が何かをたずねることができます。アルファベットの文字でも伝(つた)えましょう。

こたえる　「あの看板は何ですか。」とたずねられたら、**That's 〜.**で「あれは〜です。」と答えます。「〜」に何の看板なのかを表す言葉を入れましょう。

ききトリ 音声を聞き、英語(えいご)の言葉を言いかえて、文を読んでみましょう。　トラック99〜102

What's that sign? P-O-L-I-C-E.

いいかえよう　町でよく見る看板

□S-T-A-T-I-O-N

□S-C-H-O-O-L

□T-A-X-I

ワンポイント
"What's that sign?"と言ったあと、アルファベットを1文字ずつ言ってみよう。

That's the police box.

いいかえよう　町でよく見るものを表す言葉

□bookstore(本屋)

□bus stop(バスてい)

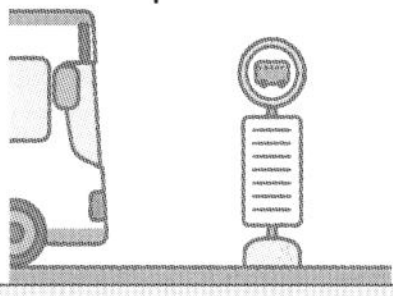

□station(駅)

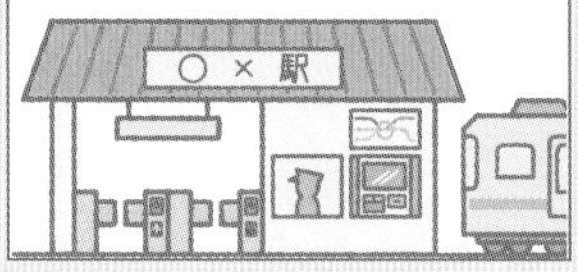

□parking(ちゅう車場)

□school(学校)

□taxi(タクシー)

これを知ったらワンダフル!
"parking(ちゅう車場)"は、大文字の"P"と書かれていることが多いね。

ぴったり2

練習

学習日　月　日

? ぴったりクイズ　答えはこのページの下にあるよ！

“police box”は「交番」だね。では、“police station”は何か分かるかな？

かきトリ　英語をなぞり、声に出してみましょう。　できたらチェック！　書く　話す

□駅

station

□ちゅう車場

parking

□タクシー

taxi

□学校

school

□本屋

bookstore

□バスてい

bus stop

□交番

police box

ヒント

“bookstore”は“book”と“store”をはなして書かないように注意しよう。

□あの看板は何ですか。P、O、L、I、C、Eです。

What's that sign? P-O-L-I-C-E.

□あれは交番です。

That's the police box.

▶読み方が分からないときは、左のページにもどって音声を聞いてみましょう。

やりトリ　自分はどう言うかを書いて、声に出してみましょう。　できたらチェック！　書く　話す

What's that sign?

________.

That's the ________.

つたえるコツ

看板のアルファベットを伝えるときは、１文字ずつゆっくりと大きな声で言おう。

▶あてはめる英語は、左のページや付録(ふろく)の小冊子(しょうさっし)、辞書(じしょ)などから探(さが)してみよう！

答える練習ができたら、次はだれかに質問(しつもん)してみよう！

ぴったりクイズの答え　“police station”は「警察署(けいさつしょ)」のことだよ。

ぴったり1 じゅんび

Unit 6 アルファベット②

学習日　　月　　日

めあて
アルファベットの小文字が分かる。

アルファベットの小文字

ききトリ　音声を聞き、声に出してみましょう。　トラック103～104

アイ　ハヴ　ア　ティー　アンド　アン　エックス　フー　アム　アイ
I have a "t" and an "x." Who am I?
わたしにはtとxがあります。わたしはだれでしょう。

アイガ(ー)ットイット　タクスィ
I got it. "Taxi."
分かりました。Taxiです。

せつめい
たずねる　Who am I?(わたしはだれでしょう。)は、単語(たんご)ゲームでの決まり文句(もんく)です。
こたえる　分かったときは、I got it.(分かりました。)のあとに、答えを言いましょう。

ききトリ　アルファベットの音声を聞き、アルファベットを言いかえて文を読んでみましょう。　トラック105～106

I have a "t" and an "x." Who am I?

いいかえよう　アルファベットの小文字

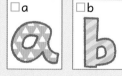

□a a　□b b　□c c　□d d　□e e　□f f　□g g
□h h　□i i　□j j　□k k　□l l　□m m　□n n
□o o　□p p　□q q　□r r　□s s　□t t　□u u
□v v　□w w　□x x　□y y　□z z

I got it. "Taxi."

ワンポイント
単語ゲームは、ものや動物などの言葉を思いうかべながら、言葉にふくまれているアルファベットを言うよ。

これを知ったらワンダフル！
a、e、f、h、i、l、m、n、o、r、s、xの前には"an"を付(つ)けるよ。言葉の中に同じアルファベットが2つあるときは、two "t"sのように、"a"や"an"のかわりに数を表す言葉を付けるよ。

ぴったり2
練習

学習日　　月　　日

?ぴったりクイズ　答えはこのページの下にあるよ！

アメリカのニューヨークでよく見かけるタクシーは何色をしているか知っているかな？

かきトリ　英語をなぞり、声に出してみましょう。

できたらチェック！ 書く □ 話す □

□  apple

□  banana

ヒント
bとd、hとn、pとqは形がにているので、注意してしっかり覚（おぼ）えよう。

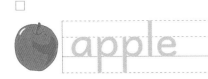

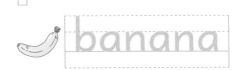

□  cat

□  dog

□  horse

□  jet

□  king

□  melon

□  panda

□  queen

□  tomato

□  umbrella

□  violin

□わたしにはtとxがあります。わたしはだれでしょう。

I have a "t" and an "x." Who am I?

▶読み方が分からないときは、左のページにもどって音声を聞いてみましょう。

やりトリ　自分はどう言うかを書いて、声に出してみましょう。

できたらチェック！ 書く □ 話す □

I have ＿＿＿＿＿＿. Who am I?

I got it. "＿＿＿＿＿＿."

つたえるコツ
アルファベットの読み方はひとつひとつ覚えておこう。

▶あてはめる英語は、左のページや付録（ふろく）の小冊子（しょうさっし）、辞書（じしょ）などから探（さが）してみよう！

答える練習ができたら、次はだれかに質問（しつもん）してみよう！

ぴったりクイズの答え　ニューヨークでは黄色いタクシーが多く走っているよ。

ぴったり3
たしかめのテスト
Unit 6 アルファベット

時間 30分
/100
ごうかく 80点

答え 10ページ

1 音声を聞き、内容に合う絵を下の㋐～㋒から選び、(　　)に記号を書きましょう。

トラック107

技能 1問10点(20点)

㋐

㋑
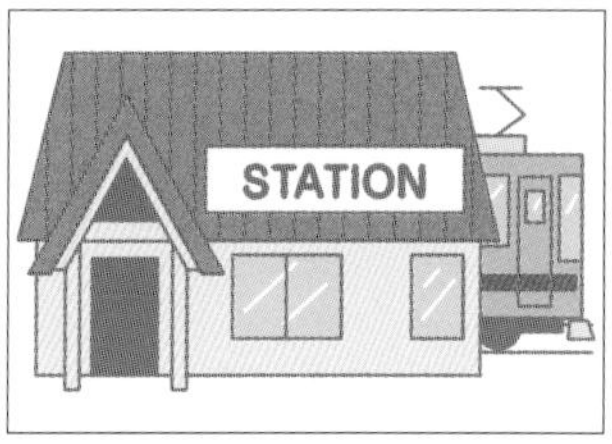

㋒

(1) (　　　　)　(2) (　　　　)

2 音声を聞き、それぞれの絵を表す言葉になるように、□にアルファベットの小文字を1文字ずつ書き、言葉をなぞって完成させましょう。

トラック108

技能 1問10点(30点)

(1)

女王

□ueen

(2)

バナナ

ba□a□a

(3)

かさ

□mb□ella

ふりかえり ❶が分からないときは、60ページにもどって確認しよう。

3 日本文の意味を表す英語の文になるように、[　]の中から語を選んで[　]に書き、文全体をなぞりましょう。文の最初の文字は大文字で書きましょう。

1問10点(20点)

(1) あの看板は何ですか。

[　　　　] that sign?

(2) あれは本屋です。

[　　　　] the bookstore.

what's　　that's

4 ロバートがみかにクイズを出しています。日本文に合う英語の文を、[　]の中から選んで[　]に書きましょう。

思考・判断・表現　1問10点(30点)

Robert

(1) わたしにはcとtがあります。

(2) わたしはだれでしょう。

Mika

(3) 分かりました。

"Cat."

Who am I?　　I got it.　　I have a "c" and a "t."

この本の終わりにある「冬のチャレンジテスト」をやってみよう！

ぴったり1 じゅんび

Unit 7 何がほしいですか①

学習日　　月　　日

めあて
ほしいものをたずねたり伝えたりすることができる。

ほしいもののたずね方 / 答え方

ききトリ 音声を聞き、声に出してみましょう。　トラック109~110

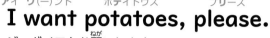

(フ)ワット　ドゥ　ユー　ワ(ー)ント
What do you want?
あなたは何がほしいですか。

アイ　ワ(ー)ント　ポテイトウズ　プリーズ
I want potatoes, please.
ジャガイモをお願いします。

せつめい

たずねる What do you want?で「あなたは何がほしいですか。」と相手のほしいものをたずねることができます。

こたえる I want ~, please.で「~をお願いします。」と答えることができます。「~」には、ほしいものを表す言葉を入れましょう。

ききトリ 音声を聞き、英語の言葉を言いかえて、文を読んでみましょう。　トラック111~112

What do you want?

I want **potatoes**, please.

ワンポイント
"I want"と言ったあとにほしいものを表す言葉を言うんだね。最後の"please"を忘れないように言おう。

いいかえよう 食べものを表す言葉

□cabbages(キャベツ) 	□tomatoes(トマト) 	□pineapples(パイナップル) 
□cherries(サクランボ) 	□strawberries(イチゴ) 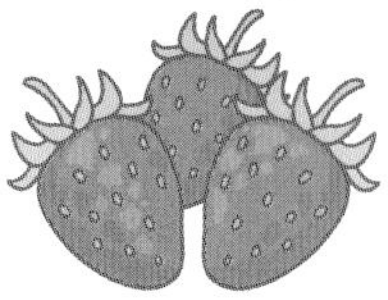	□corn(トウモロコシ) 
□ice cream(アイスクリーム) 	□parfait(パフェ) 	□pizza(ピザ) 

これを知ったらワンダフル!
"please"は「どうか」という意味の言葉で、相手にたのみごとをするときに使うよ。

小冊子のp.6~9で、もっと言葉や表現を学ぼう!

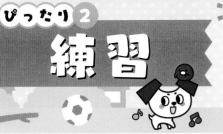

ぴったり2

練習

学習日　月　日

?ぴったりクイズ　答えはこのページの下にあるよ！

アメリカでは、「フライドポテト」のことを何と言うか知っているかな？

かきトリ　英語をなぞり、声に出してみましょう。

できたらチェック！　書く　話す

□キャベツ
cabbages

□ジャガイモ
potatoes

ヒント
"cabbages"や"tomatoes"は日本語との音のちがいに注意しよう。

□トマト
tomatoes

□パイナップル
pineapples

□サクランボ
cherries

□イチゴ
strawberries

□アイスクリーム
ice cream

□ピザ
pizza

□トウモロコシ
corn

□あなたは何がほしいですか。
What do you want?

□ジャガイモをお願いします。
I want potatoes, please.

▶読み方が分からないときは、左のページにもどって音声を聞いてみましょう。

やりトリ　自分はどう答えるかを書いて、声に出してみましょう。

できたらチェック！　書く　話す

What do you want?

I want ＿＿＿＿＿＿＿＿, please.

つたえるコツ
"want"のあとのほしいものを表す言葉をはっきりと言おう。

▶あてはめる英語は、左のページや付録の小冊子、辞書などから探してみよう！

答える練習ができたら、次はだれかに質問してみよう！

ぴったりクイズの答え　アメリカでは、「フライドポテト」のことを「フレンチフライ」と言うよ。

ぴったり1 じゅんび

Unit 7 何がほしいですか②

学習日　　月　　日

めあて
数をたずねたり答えたりできる。

数のたずね方 / 答え方

ききトリ　音声を聞き、声に出してみましょう。　トラック113~114

ハウ　メニィ　オ(ー)レンディズ
How many oranges?
オレンジはいくつほしいですか。

スリー　プリーズ
Three, please.
3つお願(ねが)いします。

せつめい
たずねる　How many ~?で、「~はいくつほしいですか。」とたずねることができます。「~」には、野菜(やさい)やくだものなどを表す言葉を入れましょう。
こたえる　ほしいものの数を答えるときは、~, please.(~つお願いします。)と言います。

ききトリ　音声を聞き、英語(えいご)の言葉を言いかえて、文を読んでみましょう。　トラック115~118

How many **oranges** ?

いいかえよう　食べものを表す言葉

□melons(メロン)

□apples(リンゴ)

□carrots(ニンジン)
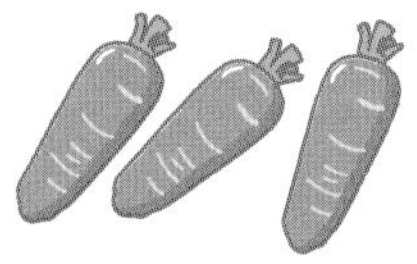

□cucumbers(キュウリ)
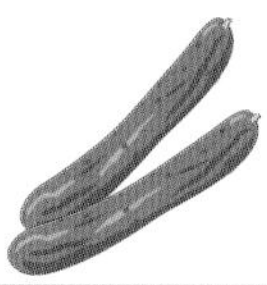

□onions(タマネギ)

□sausages(ソーセージ)
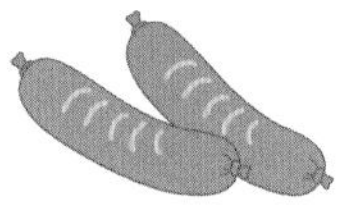

ワンポイント
"How many"は数をたずねるときに使うよ。あとに食べものを表す言葉を言おう。

Three , please.

いいかえよう　数を表す言葉

□two(2)

□four(4)

□five(5)

□six(6)

これを知ったらワンダフル!
"How many oranges?"に答えるときは、"Three oranges, please."と言ってもいいよ。数を表す言葉のあとに、食べものを表す言葉を入れることができるよ。

ぴったり2
練習

学習日　月　日

ぴったりクイズ 答えはこのページの下にあるよ！

ソーセージで有名なヨーロッパの国はどこかな？
「フランクフルト」と呼ばれるソーセージも、この国で始まったよ。

かきトリ 英語をなぞり、声に出してみましょう。

できたらチェック！ 書く 話す

□メロン
melons

□オレンジ
oranges

ヒント
"carrot"は r が 2 回続くことに注意しよう。

□リンゴ
apples

□キュウリ
cucumbers

□ニンジン
carrots

□タマネギ
onions

□ソーセージ
sausages

□オレンジはいくつほしいですか。
How many oranges?

□ソーセージはいくつほしいですか。
How many sausages?

□3つお願いします。
Three, please.

▶読み方が分からないときは、左のページにもどって音声を聞いてみましょう。

やりトリ 自分はどう答えるかを書いて、声に出してみましょう。

できたらチェック！ 書く 話す

How many apples?

＿＿＿＿, please.

つたえるコツ
たずねる文は、“How many”を、答えの文は、数を表す言葉をはっきりと言おう。

▶あてはめる英語は、左のページや付録の小冊子、辞書などから探してみよう！

答える練習ができたら、次はだれかに質問してみよう！

ぴったりクイズの答え ソーセージで有名な国は、ドイツだよ。ドイツには1,000種類以上のソーセージがあるよ。

ぴったり3
たしかめのテスト
Unit 7 何がほしいですか

時間 30 分

／100

ごうかく 80 点

答え 11ページ

1 音声を聞き、内容に合う絵を下の㋐～㋒から選び、（　　）に記号を書きましょう。 トラック119

技能 1問10点(20点)

㋐ 

㋑ 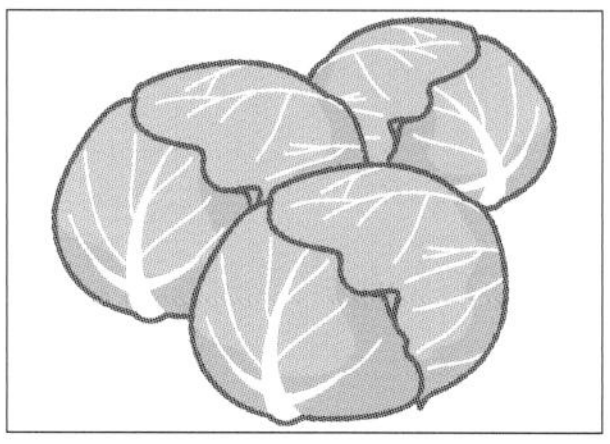

㋒ 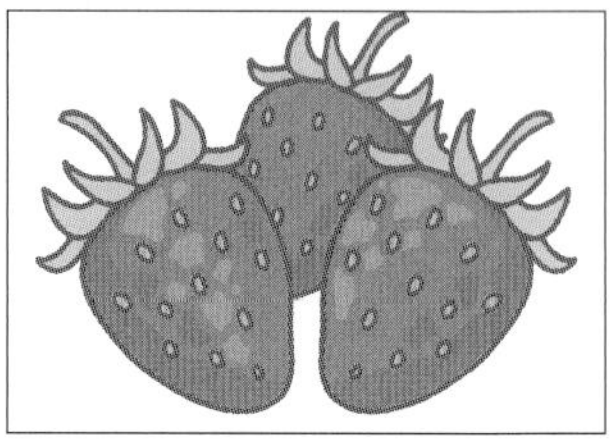

(1)（　　　　）　(2)（　　　　）

2 音声を聞き、それぞれの人物がほしいものを、線で結びましょう。 トラック120

技能 1問10点(30点)

(1) 

Sayo

(2) 

Ren

(3) 

Emily

ふりかえり ❶が分からないときは、68ページにもどって確認しよう。

3

日本文の意味を表す英語の文になるように、[　　]の中から語を選んで[　　]に書き、文全体をなぞりましょう。文の最初の文字は大文字で書きましょう。

1問10点(20点)

(1) あなたは何がほしいですか。

[　　　　] do you want?

(2) トマトはいくつほしいですか。

[　　　　] many [　　　　]?

tomatoes　　what　　how

4

あやめがお店で店員と話しています。日本文に合う英語の文を、[　　]の中から選んで[　　]に書きましょう。

思考・判断・表現　1問10点(30点)

Ayame

(1) ニンジンをお願いします。

店員

(2) ニンジンはいくつほしいですか。

Ayame

(3) 3つお願いします。

How many carrots?　　Three, please.

I want carrots, please.

ぴったり1 じゅんび

学習日　　月　　日

Unit 8 ここはわたしのお気に入りの場所です①

めあて
お気に入りの場所を伝え(つた)ることができる。

「ここは～です。」というときの伝え方

ききトリ　音声を聞き、声に出してみましょう。　トラック121～122

ズィス　イズ　ザ　ミューズィック　ルーム
This is the music room.
ここは音楽室です。

ズィス　イズ　マイ　フェイヴ(ァ)リット　プレイス
This is my favorite place.
ここはわたしのお気に入りの場所です。

せつめい　つたえる　This is ～.で「ここは～です。」と場所がどんな所か伝えることができます。「～」には、場所を表す言葉を入れましょう。**this**は近くにあるものを指す言葉です。**my favorite place**は、「わたしのお気に入りの場所」という意味です。

ききトリ　音声を聞き、英語(えいご)の言葉を言いかえて、文を読んでみましょう。　トラック123～124

This is the **music room** .

いいかえよう　学校にある場所を表す言葉

□classroom(教室)
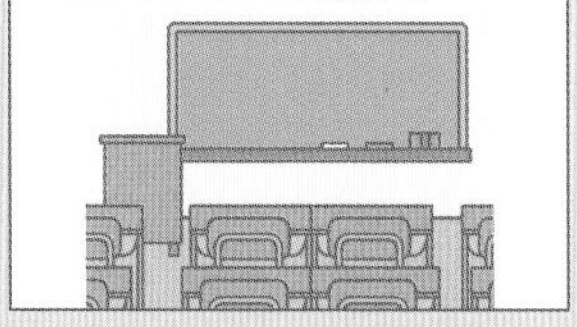

□science room(理科室)

□computer room(コンピューター室)

□cooking room(調理室)
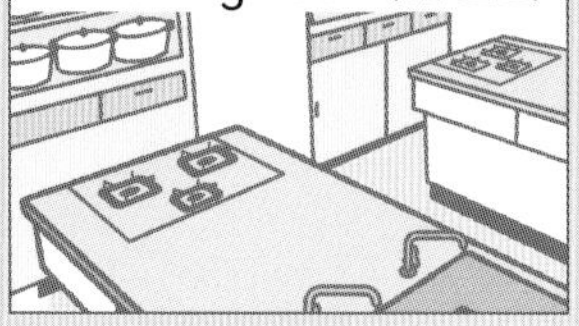

□arts and crafts room(図工室)

□gym(体育館)
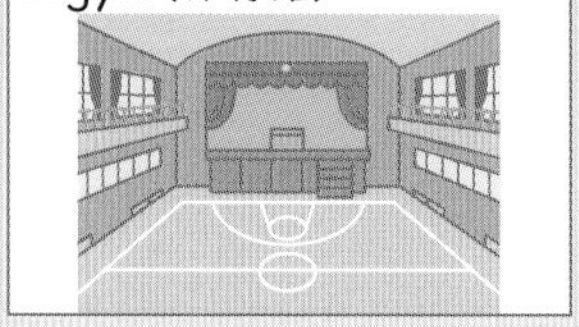

□library(図書室)

□playground(校庭)

□lunch room(食堂(しょくどう))

This is my favorite place.

ワンポイント
"This is the"のあとに場所を表す言葉を言うんだね。そのあとに、"This is my favorite place."と言おう。

これを知ったらワンダフル!
"my favorite food(わたしのお気に入りの食べもの)"、"my favorite sport(わたしのお気に入りのスポーツ)"のように、"my favorite"のあとにほかの言葉を入れることができるよ。

ぴったり2

練習

学習日　　月　　日

? ぴったりクイズ　答えはこのページの下にあるよ！

日本の小学校では、４月に新しい学年になるね。アメリカでは、何月に新しい学年になるか知っているかな？

かきトリ　英語をなぞり、声に出してみましょう。

できたらチェック！　書く　話す

ヒント
"classroom"は"class"と"room"をはなさないように注意しよう。

□教室
classroom

□図書室
library

□校庭
playground

□調理室
cooking room

□理科室
science room

□コンピューター室
computer room

□図工室
arts and crafts room

□体育館
gym

□ここは音楽室です。
This is the music room.

□ここはわたしのお気に入りの場所です。
This is my favorite place.

▶読み方が分からないときは、左のページにもどって音声を聞いてみましょう。

やりトリ　自分はどう言うかを書いて、声に出してみましょう。

できたらチェック！　書く　話す

This is the ＿＿＿＿＿＿＿＿.

This is my favorite place.

つたえるコツ
お気に入りの場所を大きくはっきりと言おう。"favorite（お気に入りの）"も大きな声で言ってみよう。

▶あてはめる英語は、左のページや付録の小冊子、辞書などから探してみよう！

伝える練習ができたら、次はだれかと話してみよう！

ぴったりクイズの答え　アメリカでは８月～９月に新しい学年が始まるよ。

ぴったり1 じゅんび

Unit 8 ここはわたしのお気に入りの場所です②

学習日 月 日

めあて
理由をたずねたり答えたりすることができる。

理由のたずね方 / 答え方

ききトリ 音声を聞き、声に出してみましょう。 トラック125〜126

(フ)ワイ
Why?
なぜですか。
アイ ライク ミューズィック
I like music.
音楽が好きだからです。

せつめい
たずねる 理由を知りたいときは、Why?(なぜですか。)とたずねます。
こたえる Why?とたずねられたら、I like ～.(～が好きだからです。)と理由を答えましょう。「～」には、理由となる好きなものを表す言葉を入れましょう。

ききトリ 音声を聞き、英語の言葉を言いかえて、文を読んでみましょう。 トラック127〜128

Why?
I like music.

ワンポイント
"I like"のあとに好きなものを表す言葉を言って、なぜお気に入りの場所なのか理由を伝えよう。

いいかえよう 好きな教科やスポーツ、ものを表す言葉

□science(理科)

□arts and crafts(図工)

□basketball(バスケットボール)

□jumping rope(なわとび)

□volleyball(バレーボール)

□my classmates(わたしのクラスメイト)

□books(本)

□lunch time(昼食の時間)

これを知ったらワンダフル!
"Why?"とたずねられたら、"Because"で始めて、"Because I like music.(音楽が好きだからです。)"と答えることもできるよ。

小冊子のp.14〜15で、もっと言葉や表現を学ぼう！

ぴったり2

練習

学習日　　月　　日

ぴったりクイズ 答えはこのページの下にあるよ！

イギリスの小学校１年生が勉強する教科は次のうちどれかな？
① ビジネス　② コンピューター　③ ラテン語

かきトリ 英語をなぞり、声に出してみましょう。

できたらチェック！ 書く 話す

□バスケットボール
basketball

□理科
science

□バレーボール
volleyball

□本
books

□音楽
music

□昼食の時間
lunch time

□なわとび
jumping rope

□図工
arts and crafts

□なぜですか。
Why?

□わたしのクラスメイトが好きだからです。
I like my classmates.

ヒント
"jumping"を"junping"と書かないように注意しよう。

▶読み方が分からないときは、左のページにもどって音声を聞いてみましょう。

やりトリ 自分はどう答えるかを書いて、声に出してみましょう。

できたらチェック！ 書く 話す

Why?

I like ______.

つたえるコツ
"I like"を少し小さく、好きなものを大きくはっきりと言おう。

▶あてはめる英語は、左のページや付録の小冊子、辞書などから探してみよう！

答える練習ができたら、次はだれかに質問してみよう！

ぴったりクイズの答え イギリスでは、小学校１年生からコンピューターの教科があるよ。

ぴったり1 じゅんび

学習日　　月　　日

Unit 8 ここはわたしのお気に入りの場所です③

めあて
道案内をすることができる。

道案内のしかた

ききトリ 音声を聞き、声に出してみましょう。 トラック129〜130

音楽室
ゴウ　ストゥレイト　アンド　ターン　レフト　アット　ザ　ライブレリィ
Go straight and turn left at the library.
まっすぐ行って図書室を左に曲がってください。

せつめい つたえる Go straight.（まっすぐ行ってください。）やTurn left.（左に曲がってください。）は道案内をするときの表現です。at 〜は「〜で、〜のところで」という意味で、場所を表します。

ききトリ 音声を聞き、英語の言葉を言いかえて、文を読んでみましょう。 トラック131〜134

Go straight and **turn left** at the library.

いいかえよう　道案内の表現

□Turn right.（右に曲がってください。）

□Stop.（止まってください。）

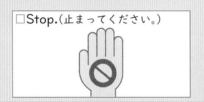

ワンポイント
"turn left（左に曲がってください）"や"turn right（右に曲がってください）"と言ったあとに、"at 〜"で曲がる場所を言うんだね。

Go straight and turn left at the **library**.

いいかえよう　学校にある場所を表す言葉

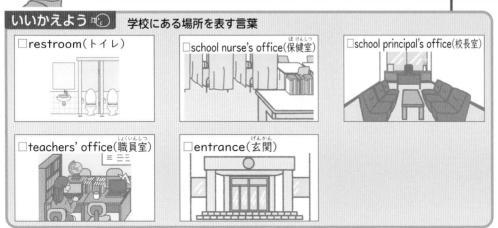

□restroom（トイレ）

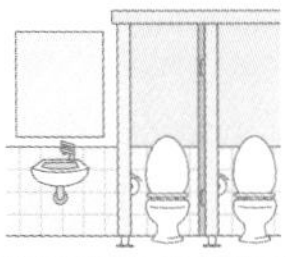

□school nurse's office（保健室）

□school principal's office（校長室）

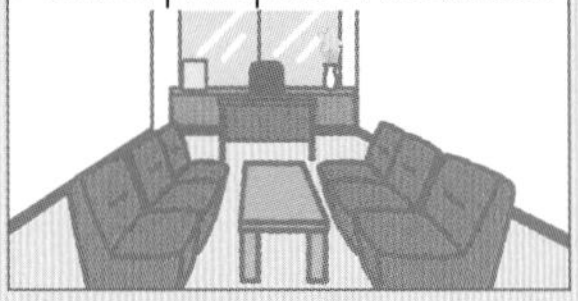

□teachers' office（職員室）

□entrance（玄関）

これを知ったらワンダフル！
"and"は「そして、それから」という意味だよ。"go straight and turn left"は「まっすぐ行って、それから左に曲がってください」という意味になるよ。

ぴったり2

練習

学習日　　月　　日

？ぴったりクイズ　答えはこのページの下にあるよ！

“school nurse's office”は「保健室」という意味だけど、“school nurse”はどういう意味か分かるかな？

かきトリ　英語をなぞり、声に出してみましょう。

できたらチェック！　書く　話す

□トイレ
restroom

□玄関
entrance

ヒント
“teachers' office”はsのあとに'をつけるよ。

□職員室
teachers' office

□校長室
school principal's office

□保健室
school nurse's office

□右に曲がってください。
Turn right.

□止まってください。
Stop.

□まっすぐ行って図書室を左に曲がってください。
Go straight and turn left at the library.

▶読み方が分からないときは、左のページにもどって音声を聞いてみましょう。

やりトリ　自分はどう言うかを書いて、声に出してみましょう。

できたらチェック！　書く　話す

Go straight and ＿＿＿＿＿＿

at the ＿＿＿＿＿＿.

つたえるコツ
“Turn left.”や“Turn right.”と言うときは、“left”や“right”をはっきりと言おう。

▶あてはめる英語は、左のページや付録の小冊子、辞書などから探してみよう！

伝える練習ができたら、次はだれかと話してみよう！

ぴったりクイズの答え　“school nurse”は「保健の先生」のことだよ。

ぴったり3 たしかめのテスト

Unit 8−① ここはわたしのお気に入りの場所です

時間 30 分

/100

ごうかく 80 点

答え 12ページ

1 音声を聞き、内容に合う絵を下の㋐～㋒から選び、(　　)に記号を書きましょう。

トラック135

技能 1問10点(20点)

㋐ 

㋑ 

㋒ 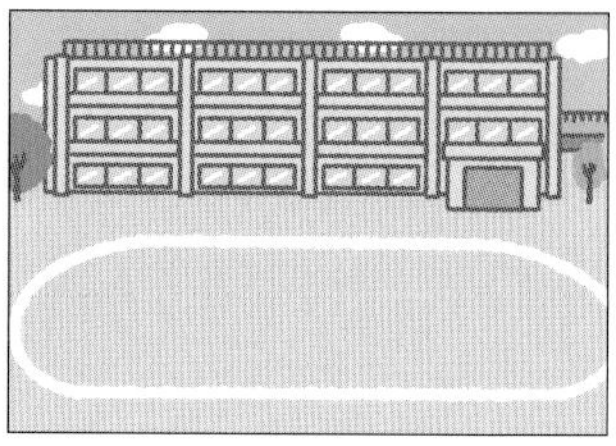

(1) (　　　　) (2) (　　　　)

2 音声を聞き、それぞれの人物のお気に入りの場所を、線で結びましょう。

トラック136

技能 1問10点(30点)

(1) 

Robert

(2) 

Akari

(3) 

Riku

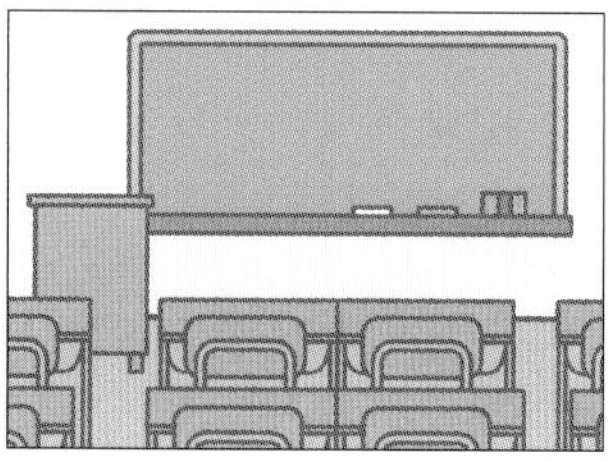

ふりかえり ❶が分からないときは、72ページにもどって確認しよう。

3 日本文の意味を表す英語の文になるように、[　　]の中から語を選んで[　　]に書き、文全体をなぞりましょう。

1問10点(20点)

(1) ここはトイレです。

This is the ＿＿＿＿＿＿＿＿ .

(2) ここは職員室です。

This is the ＿＿＿＿＿＿＿＿ .

teachers' office　　restroom

4 まさしとエミリーが話しています。日本文に合う英語の文を、[　　]の中から選んで[　　]に書きましょう。

思考・判断・表現　1問10点(30点)

Masashi

(1) ここはわたしのお気に入りの場所です。

＿＿＿＿＿＿＿＿＿＿＿＿＿＿＿＿

Emily

(2) なぜですか。

＿＿＿＿＿＿＿＿＿＿＿＿＿＿＿＿

Masashi

(3) 理科が好きだからです。

＿＿＿＿＿＿＿＿＿＿＿＿＿＿＿＿

Why?　　I like science.

This is my favorite place.

ぴったり3 たしかめのテスト

Unit 8－② ここはわたしのお気に入りの場所です

時間 30 分　　／100　　ごうかく 80 点

答え 13ページ

1 音声を聞き、内容に合う絵を下の㋐～㋒から選び、(　　)に記号を書きましょう。

トラック137

技能 1問10点(20点)

㋐

㋑

㋒

(1) (　　　　)　(2) (　　　　)

2 音声を聞き、それぞれの人物がいる場所を、線で結びましょう。

トラック138

技能 1問10点(30点)

(1)

Hiroto

(2)

Grace

(3)

Aiko

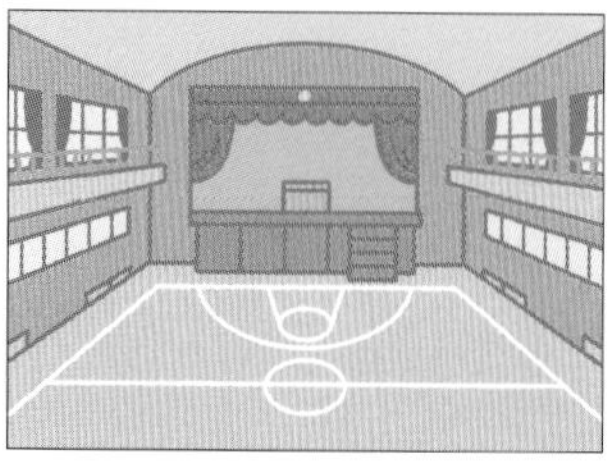

ふりかえり ❶が分からないときは、76ページにもどって確認しよう。

3

日本文の意味を表す英語の文になるように、の中から語を選んでに書き、文全体をなぞりましょう。文の最初の文字は大文字で書きましょう。

1問10点(20点)

(1) 止まってください。

______.

(2) その教室を左に曲がってください。

Turn ______ at the ______.

classroom　　stop　　left

4

たろうがブラウン先生に学校を案内しています。日本文に合う英語の文を、の中から選んでに書きましょう。

思考・判断・表現　1問10点(30点)

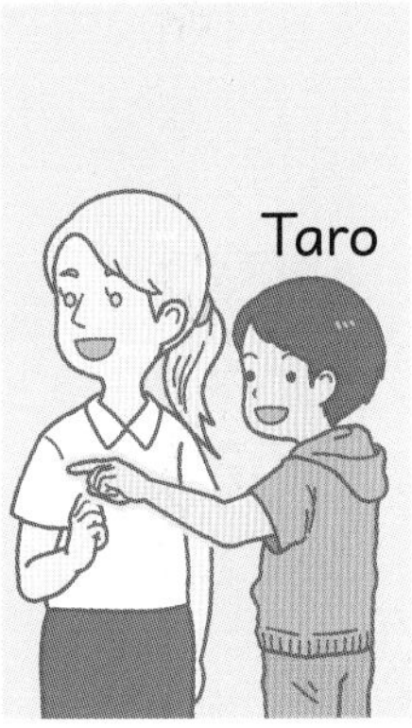

(1) まっすぐ行ってください。

(2) 図書室を右に曲がってください。

(3) トイレを左に曲がってください。

Go straight.　　Turn left at the restroom.

Turn right at the library.

ぴったり1 じゅんび

Unit 9 これがわたしの1日です①

学習日　　月　　日

めあて
動作をする時刻(じこく)を伝(つた)えることができる。

「～時に」というときの伝え方

ききトリ　音声を聞き、声に出してみましょう。　トラック139～140

アイ　ウェイク　アップ　アット　スィックス
I wake up at 6:00.
わたしは6時に目が覚(さ)めます。

せつめい　つたえる　**I wake up at ～.**で、「わたしは～時に目が覚めます。」と、朝に目が覚める時刻を伝えることができます。時刻を伝えるときは、**at**のあとの「～」に時刻を表す言葉を入れましょう。**wake up**は「目が覚める」という意味です。

ききトリ　音声を聞き、英語(えいご)の言葉を言いかえて、文を読んでみましょう。　トラック141～142

I wake up at 6:00.

いいかえよう　時刻を表す言葉

□at 5:30 (five thirty) (5時30分に) 	□at 6:30 (six thirty) (6時30分に) 	□at 7:30 (seven thirty) (7時30分に) 
□at 5 (five) a.m. (午前5時に) 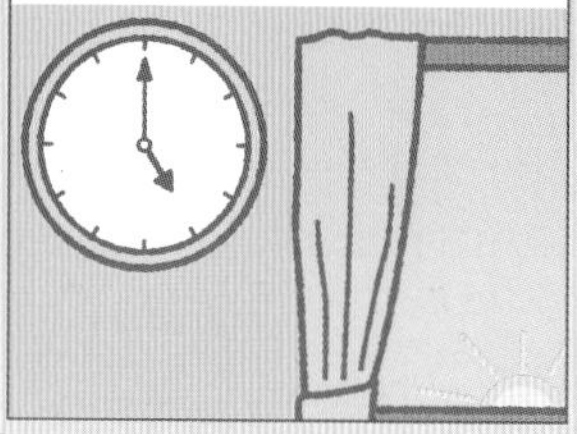	□at 6 (six) a.m. (午前6時に) 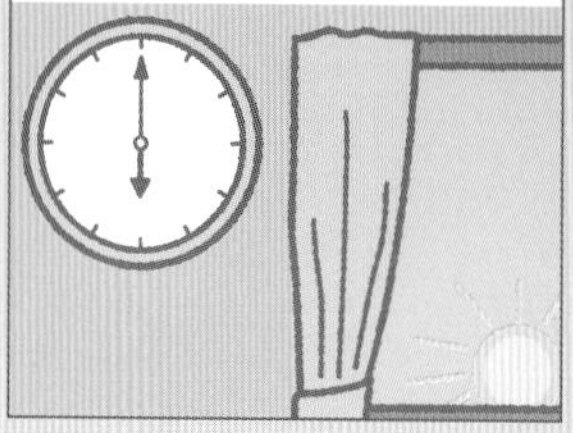	□at 7 (seven) a.m. (午前7時に) 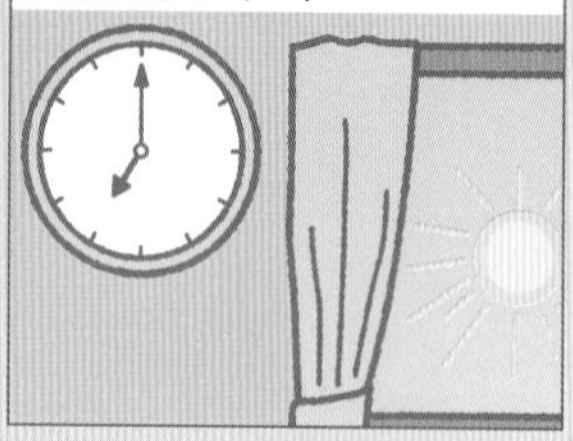

ワンポイント
"I wake up"のあとに、時刻を表す言葉を言うんだね。atを忘れないように注意しよう。

これを知ったらワンダフル！
"a.m."は「午前」を表す言葉だよ。「午後」は"p.m."で表すよ。

ぴったり2

練習

学習日　　月　　日

?ぴったりクイズ　答えはこのページの下にあるよ！

ホテルにとまると、“wake-up call”というサービスがあるよ。どんなサービスか知っているかな？

かきトリ　英語をなぞり、声に出してみましょう。

できたらチェック！　書く　話す

ヒント
“thirty”の thir のつづりと発音に注意しよう。

□5時30分に
at five thirty

□6時30分に
at six thirty

□7時30分に
at seven thirty

□目が覚める
wake up

□午前5時に
at five a.m.

□午前6時に
at six a.m.

□わたしは6時に目が覚めます。
I wake up at six.

□わたしは午前7時に目が覚めます。
I wake up at seven a.m.

▶読み方が分からないときは、左のページにもどって音声を聞いてみましょう。

やりトリ　自分はどう言うかを書いて、声に出してみましょう。

できたらチェック！　書く　話す

I wake up at ＿＿＿＿＿＿＿＿＿＿.

つたえるコツ
動作を表す言葉と時刻をはっきりと伝えよう。

▶あてはめる英語は、左のページや付録の小冊子、辞書などから探してみよう！

伝える練習ができたら、次はだれかと話してみよう！

ぴったりクイズの答え　電話で朝に起こしてくれるサービスだよ。日本では「モーニングコール」と呼ばれているよ。

ぴったり1 じゅんび

Unit 9 これがわたしの1日です②

学習日　　月　　日

めあて　ふだんの生活を伝えることができる。

「わたしは～をします。」というときの伝え方

ききトリ 音声を聞き、声に出してみましょう。　トラック143～144

アイ　ハヴ　ブレックファスト　アット　セヴン
I have breakfast at 7:00.
わたしは7時に朝食を食べます。

せつめい **つたえる** I have breakfast.で、「わたしは朝食を食べます。」とふだんの生活での動作を伝えることができます。I(わたしは)のあとに動作を表す言葉を続けましょう。
「～時に」は、atのあとに時刻を表す言葉を言いましょう。

ききトリ 音声を聞き、英語の言葉を言いかえて、文を読んでみましょう。　トラック145～146

I **have breakfast** at 7:00.

いいかえよう ふだんの生活での動作を表す言葉

□wash my face（顔を洗う）

□brush my teeth（歯をみがく）

□put away my *futon*（ふとんをかたづける）

□check my school bag（学校のかばんを確認する）

□take out the garbage（ごみを出す）

□go to school（学校へ行く）

□go home（家に帰る）

□do my homework（宿題をする）

□finish my dinner（夕食を終える）

ワンポイント
“I”のあとに動作を表す言葉を言おう。「～時に」と時刻を表す言葉は最後に言うよ。

これを知ったらワンダフル！
“have”は「～を食べる」、“breakfast”は「朝食」という意味だよ。日本語の「朝食を食べる」とは言葉の順番が逆になっているね。

ぴったり2

練習

学習日　　月　　日

?ぴったりクイズ　答えはこのページの下にあるよ！

“bad tooth”という言葉があるよ。“bad”は「悪い」、“tooth”は「歯」という意味だけど、何のことか分かるかな？

かきトリ　英語をなぞり、声に出してみましょう。

できたらチェック！　書く □　話す □

ヒント
“garbage”のつづりと発音に注意しよう。

□顔を洗う
wash my face

□歯をみがく
brush my teeth

□ふとんをかたづける
put away my futon

□学校へ行く
go to school

□学校のかばんを確認する
check my school bag

□家に帰る
go home

□宿題をする
do my homework

□わたしは７時に朝食を食べます。
I have breakfast at seven.

□わたしは８時にごみを出します。
I take out the garbage at eight.

▶読み方が分からないときは、左のページにもどって音声を聞いてみましょう。

やりトリ　自分はどう言うかを書いて、声に出してみましょう。

できたらチェック！　書く □　話す □

I ＿＿＿＿＿＿＿＿ at 7:00.

つたえるコツ
動作を表す言葉が長いときは、“at”の前で息つぎをしてみよう。

▶あてはめる英語は、左のページや付録の小冊子、辞書などから探してみよう！

伝える練習ができたら、次はだれかと話してみよう！

ぴったりクイズの答え　“bad tooth”は「虫歯」のことだよ。

ぴったり3

たしかめのテスト

Unit 9 これがわたしの1日です

時間 30分

／100

ごうかく 80点

答え 14ページ

1 音声を聞き、内容(ないよう)に合う絵を下の㋐～㋒から選(えら)び、（　　）に記号を書きましょう。

トラック147

技能 1問10点(20点)

㋐ 

㋑ 

㋒ 

(1)（　　　　）　(2)（　　　　）

2 音声を聞き、それぞれの人物がすることを、線で結(むす)びましょう。

トラック148

技能 1問10点(30点)

(1) 

Ayame

(2) 

Chris

(3) 

Olivia

ふりかえり　**2**が分からないときは、82ページと84ページにもどって確認(かくにん)しよう。

3 日本文の意味を表す英語の文になるように、［　　］の中から語句を選んで［　　］に書き、文全体をなぞりましょう。

1問10点(20点)

(1) わたしは６時30分に目が覚めます。

I ＿＿＿＿＿＿ at 6:30.

(2) わたしは３時30分に家に帰ります。

I ＿＿＿＿＿＿ at 3:30.

go home　　wake up

4 ロバート、さよ、れんが、朝の日課について話しています。日本文に合う英語の文を、［　　］の中から選んで［　　］に書きましょう。

思考・判断・表現　1問10点(30点)

Robert

Sayo

Ren

(1) わたしは６時30分に歯をみがきます。

＿＿＿＿＿＿＿＿＿＿＿＿

(2) わたしは７時に学校のかばんを確認します。

＿＿＿＿＿＿＿＿＿＿＿＿

(3) わたしは７時30分にごみを出します。

＿＿＿＿＿＿＿＿＿＿＿＿

I take out the garbage at 7:30.

I brush my teeth at 6:30.

I check my school bag at 7:00.

この本の終わりにある「春のチャレンジテスト」をやってみよう！

この本の終わりにある「学力しんだんテスト」をやってみよう！

ローマ字表

大文字／ 小文字	A/a	I/i	U/u	E/e	O/o			
	あ a	い i	う u	え e	お o			
K/k	か ka	き ki	く ku	け ke	こ ko	きゃ kya	きゅ kyu	きょ kyo
S/s	さ sa	し shi [si]	す su	せ se	そ so	しゃ sha [sya]	しゅ shu [syu]	しょ sho [syo]
T/t	た ta	ち chi [ti]	つ tsu [tu]	て te	と to	ちゃ cha [tya]	ちゅ chu [tyu]	ちょ cho [tyo]
N/n	な na	に ni	ぬ nu	ね ne	の no	にゃ nya	にゅ nyu	にょ nyo
H/h	は ha	ひ hi	ふ fu [hu]	へ he	ほ ho	ひゃ hya	ひゅ hyu	ひょ hyo
M/m	ま ma	み mi	む mu	め me	も mo	みゃ mya	みゅ myu	みょ myo
Y/y	や ya		ゆ yu		よ yo			
R/r	ら ra	り ri	る ru	れ re	ろ ro	りゃ rya	りゅ ryu	りょ ryo
W/w	わ wa							
N/n	ん n							
G/g	が ga	ぎ gi	ぐ gu	げ ge	ご go	ぎゃ gya	ぎゅ gyu	ぎょ gyo
Z/z	ざ za	じ ji [zi]	ず zu	ぜ ze	ぞ zo	じゃ ja [zya]	じゅ ju [zyu]	じょ jo [zyo]
D/d	だ da	ぢ ji [di]	づ zu [du]	で de	ど do			
B/b	ば ba	び bi	ぶ bu	べ be	ぼ bo	びゃ bya	びゅ byu	びょ byo
P/p	ぱ pa	ぴ pi	ぷ pu	ぺ pe	ぽ po	ぴゃ pya	ぴゅ pyu	ぴょ pyo

スピーキングにチャレンジ

スピーキング アプリ

このマークがあるページで、アプリを使うよ！

はじめに

- この章は、ふろくの専用アプリ「ぴたトレスピーキング」を使用して学習します。
以下のストアから「ぴたトレスピーキング」と検索、ダウンロードしてください。

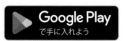

Google Play で手に入れよう　App Store からダウンロード

- 学習する学年をえらんだら、以下のアクセスコードを入力してご利用ください。

918　※このアクセスコードは学年によって異なります。

- くわしい使い方は、アプリの中の「このアプリについて」をご確認ください。

アプリのせつめい

- このアプリでは、英語を話す練習ができます。
- 会話のときは、役になりきって、じっさいの会話のようにターンごとに練習することができます。
- スコアは「発音」「よくよう（アクセント）」をもとに判定されます。

スピーキング紙面のせつめい

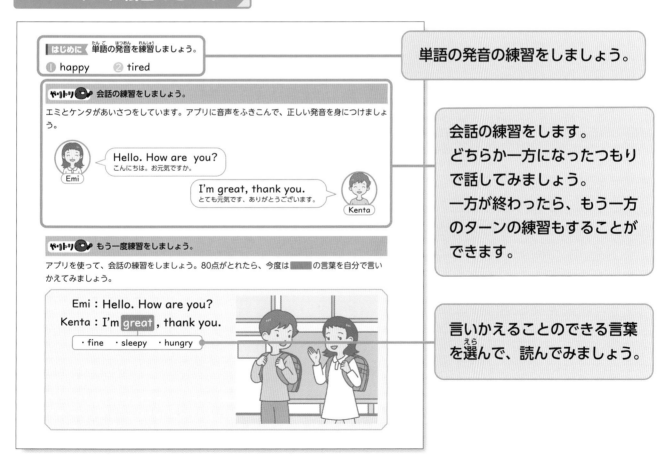

はじめに　単語の発音を練習しましょう。

① happy　② tired

→ 単語の発音の練習をしましょう。

やりトリ　会話の練習をしましょう。

エミとケンタがあいさつをしています。アプリに音声をふきこんで、正しい発音を身につけましょう。

Emi: Hello. How are you?
こんにちは。お元気ですか。

Kenta: I'm great, thank you.
とても元気です、ありがとうございます。

→ 会話の練習をします。どちらか一方になったつもりで話してみましょう。一方が終わったら、もう一方のターンの練習もすることができます。

やりトリ　もう一度練習をしましょう。

アプリを使って、会話の練習をしましょう。80点がとれたら、今度は■■の言葉を自分で言いかえてみましょう。

Emi : Hello. How are you?

Kenta : I'm great, thank you.

・fine　・sleepy　・hungry

→ 言いかえることのできる言葉を選んで、読んでみましょう。

※本サービスの内容により生じたトラブルや損害については、弊社では補償いたしかねます。また、お使いの端末や環境によっては、動作を保障できないものがあります。予めご了承の上、ご利用ください。
※本サービスは無料ですが、通信料・プロバイダ接続料はお客様負担となります。
※サービス内容等は予告なく変更することがございます。
●推奨環境　スマートフォン、タブレット等（iOS16以上/Android11以上）

学習日 月 日

第1回 すきな遊びを伝えよう

スピーキングアプリ

はじめに 単語の発音を練習しましょう。

1 rainy　2 snowy　3 sweater　4 shirt

やりトリ 会話の練習をしましょう。

エミとケンタが電話で話しています。アプリに音声をふきこんで、正しい発音を身につけましょう。

How's the weather?
天気はどうですか。

It's sunny.
晴れています。

Then, let's play tag.
それでは、おにごっこをしましょう。

Sounds good.
いいですね。

やりトリ もう一度練習をしましょう。

アプリを使って、会話の練習をしましょう。80点がとれたら、今度は　の言葉を自分で言いかえてみましょう。

Emi : How's the weather?

Kenta : It's **sunny**.

・cloudy　・rainy　・snowy

Emi : Then, let's **play tag**.

・play cards　・play jump rope　・walk

Kenta : Sounds good.

第2回 好きな曜日は何かな

学習日　月　日

スピーキングアプリ

はじめに 単語(たんご)の発音(はつおん)を練習(れんしゅう)しましょう。

① Thursday　② watermelon　③ fresh

やりトリ 会話の練習をしましょう。

エミとケンタが曜日について話しています。アプリに音声をふきこんで、正しい発音を身につけましょう。

What day is it today?
今日は何曜日ですか。

It's Saturday.
土曜日です。

Do you like Saturdays?
土曜日は好きですか。

Yes, I do. I play soccer on Saturdays.
はい、好きです。わたしは土曜日にサッカーをします。

やりトリ もう一度練習をしましょう。

アプリを使って、会話の練習をしましょう。80点がとれたら、今度は　　の言葉を自分で言いかえてみましょう。

Emi : What day is it today?

Kenta : It's **Saturday**.

・Monday　・Thursday　・Friday

Emi : Do you like Saturdays?

Kenta : Yes, I do. I **play soccer** on Saturdays.

・play the piano　・watch TV　・go swimming

第3回　今、何時？

スピーキングアプリ

はじめに 単語の発音を練習しましょう。

① homework　② bath　③ dream

やりトリ 会話の練習をしましょう。

オーストラリアにいるエミと、日本にいるケンタが電話で話しています。アプリに音声をふきこんで、正しい発音を身につけましょう。

What time is it in Japan?
日本は何時ですか。

It's 8 p.m. It's "Homework time".
How about you?
夜の８時です。宿題の時間です。あなたはどうですか。

It's 10 p.m. in Australia.
It's "Bed time".
オーストラリアは夜の10時です。寝る時間です。

やりトリ もう一度練習をしましょう。

アプリを使って、会話の練習をしましょう。80点がとれたら、今度は ■ の言葉を自分で言いかえてみましょう。

Emi：What time is it in Japan?

Kenta：It's **8 p.m.** It's "Homework time".
　・10 a.m.　・1 p.m.
　How about you?

Emi：It's 10 p.m. in Australia. It's **"Bed time"**.
　・Bath Time　・TV Time

学習日　　月　　日

第4回 おすすめの文ぼう具セットをつくろう

スピーキングアプリ

はじめに 単語(たんご)の発音(はつおん)を練習(れんしゅう)しましょう。

1. scissors
2. stapler
3. pencil sharpener

やりトリ 会話の練習をしましょう。

エミとケンタがもちものについて話しています。アプリに音声をふきこんで、正しい発音を身につけましょう。

Emi

Do you have a ruler in your pencil case?
あなたはふでばこの中にじょうぎを持っていますか。

Kenta

No, I don't.
いいえ、ありません。

Emi

Do you have pencils?
あなたはえんぴつを持っていますか。

Kenta

Yes, I do,
I have three pencils in my pencil case.
はい、持っています。
わたしはふでばこの中に3本えんぴつを持っています。

やりトリ もう一度練習をしましょう。

アプリを使って、会話の練習をしましょう。80点がとれたら、今度は　　の言葉を自分で言いかえてみましょう。

Emi : Do you have **a ruler** in your pencil case?
・an eraser　・a marker　・a pen

Kenta : No, I don't.

Emi : Do you have pencils?

Kenta : Yes, I do, I have **three** pencils in my pencil case.
・four　・ten　・twelve

学習日　　月　　日

第5回 ほしいものは何かな

スピーキングアプリ

はじめに 単語の発音を練習しましょう。

① vegetable　　② corn　　③ cherry

やりトリ 会話の練習をしましょう。

エミとケンタが、お店の店員とお客になったつもりで話しています。アプリに音声をふきこんで、正しい発音を身につけましょう。

Emi: What do you want?
なにがほしいですか。

Kenta: I want carrots.
わたしはにんじんがほしいです。

Emi: OK. How many?
わかりました。いくつですか。

Kenta: Twelve, please.
12本ください。

やりトリ もう一度練習をしましょう。

アプリを使って、会話の練習をしましょう。80点がとれたら、今度は■の言葉を自分で言いかえてみましょう。

Emi : What do you want?

Kenta : I want **carrots**.

・cucumbers　・onions　・cabbages

Emi : OK. How many?

Kenta : **Twelve**, please.

・three　・eight　・thirteen

第6回 お気に入りの場所をしょうかいしよう

スピーキングアプリ

はじめに 単語の発音を練習しましょう。

① favorite　② room　③ library

やりトリ 会話の練習をしましょう。

エミとケンタが、自分の好きな場所について話しています。アプリに音声をふきこんで、正しい発音を身につけましょう。

What's your favorite place?
あなたの一番好きな場所はなんですか。

It's a gym.
体育館です。

Why?
どうしてですか。

I like basketball.
バスケットボールが好きだからです。

やりトリ もう一度練習をしましょう。

アプリを使って、会話の練習をしましょう。80点がとれたら、今度は［　　］の言葉を自分で言いかえてみましょう。

Emi：What's your favorite place?

Kenta：It's **a gym** .

・a classroom　・a playground　・a library

Emi：Why?

Kenta：I like **basketball** .

・classmates　・soccer　・books

学習日 月 日

第7回 ぼく・わたしの一日

スピーキングアプリ

はじめに 単語の発音を練習しましょう。

① girl ② everything ③ garbage

やりトリ 会話の練習をしましょう。

ケンタとエミが、ふだんの生活について話しています。アプリに音声をふきこんで、正しい発音を身につけましょう。

What time do you wake up?
あなたは何時に起きますか。

I wake up at 6:30.
わたしは6時30分に起きます。

Do you have breakfast?
朝食を食べますか。

Yes, I do. I have breakfast at 7:00.
はい、食べます。わたしは7時に朝食を食べます。

やりトリ もう一度練習をしましょう。

アプリを使って、会話の練習をしましょう。80点がとれたら、今度は の言葉を自分で言いかえてみましょう。

Emi : What time do you **wake up** ?
・brush your teeth ・take out the garbage

Kenta : I **wake up** at 6:30.
・brush my teeth ・take out the garbage

Emi : Do you have breakfast?

Kenta : Yes, I do. I have breakfast at **7:00** .
・9:30 ・8:15

夏のチャレンジテスト

月　日	
名前	

時間 40分

知識・技能	思考・判断・表現	合格80点
/50	/50	/100

答え 16～17ページ

知識・技能

1 音声を聞き、内容に合う絵を下の㋐～㋒から選び、(　　)に記号を書きましょう。

🔊トラック149　1問5点(10点)

㋐

㋑

㋒

(1)(　　)　(2)(　　)

2 音声を聞き、それぞれの人物の好きなものを、線で結びましょう。

🔊トラック150　1問5点(15点)

(1)

Sayo ●

(2)

Takeru ●

(3)

Anna ●

●

●

●

知識・技能

3 音声を聞き、指示の内容に合う絵を下の㋐～㋒から選び、(　　)に記号を書きましょう。

🔊トラック151　1問5点(10点)

㋐

㋑

㋒

(1)(　　)　(2)(　　)

4 エミリーとれんが話しています。(1)～(3)の質問の答えを下の㋐～㋒から選び、(　　)に記号を書きましょう。

🔊トラック152　1問5点(15点)

(1) どんな天気ですか。

㋐

㋑

㋒

(2) 何曜日ですか。

㋐

㋑

㋒

(3) エミリーはれんに何をしようと言っていますか。

㋐

㋑

㋒

(1)(　　)　(2)(　　)　(3)(　　)

(切り取り線)

うらにも問題があります。

5 絵の内容に合う英語の言葉を、[ ]の中から選んで[ ]に書きましょう。

1問2点(6点)

(1)

(2)

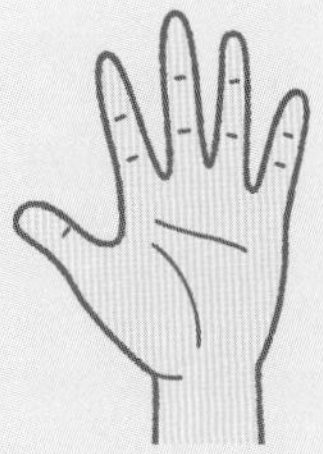

(3)

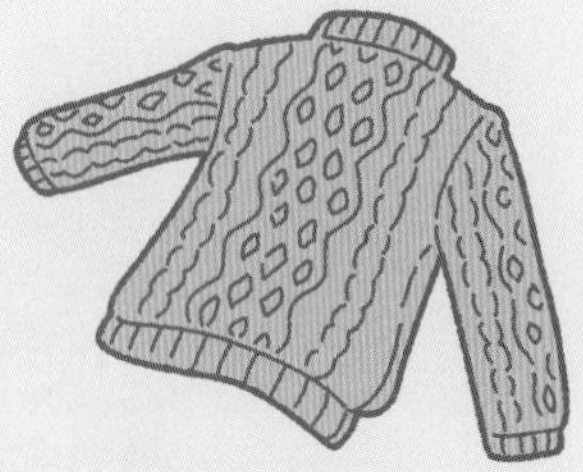

cap　sweater　hand

6 日本文の意味を表す英語の文になるように、[ ]の中から語を選んで[ ]に書き、文全体をなぞりましょう。文の最初の文字は大文字で書きましょう。

1問4点(16点)

(1) 鼻をさわってください。

____ your ____.

(2) ブーツをはいてください。

____ on your ____.

put　nose　boots　touch

7 絵の内容に合う英語の文になるように、[ ]の中から語を選んで[ ]に書き、文全体をなぞりましょう。

1問4点(16点)

(1)

I ____ the piano on ____.

(2)

I ____ English on ____.

Sundays　Thursdays　study　play

8 日本文の意味を表す英語の文を、[ ]の中から選んで[ ]に書きましょう。

1問4点(12点)

(1) わたしは沖縄にいます。

(2) こんにちは。

(3) 立ってください。

Stand up.　Good afternoon.
I'm in Okinawa.

(切り取り線)

冬のチャレンジテスト

月　日
名前

時間 40分

知識・技能	思考・判断・表現	合格80点
/50	/50	/100

答え 18〜19ページ

知識・技能

1 音声を聞き、内容(ないよう)に合う絵を下の㋐〜㋒から選(えら)び、（　　）に記号を書きましょう。

トラック153　1問5点（10点）

㋐

㋑

㋒

(1)（　　） (2)（　　）

2 音声を聞き、それぞれの人物が持っているものを、線で結(むす)びましょう。

トラック154　1問5点（15点）

(1)

Chris

(2)

Emily

(3)

Kaito

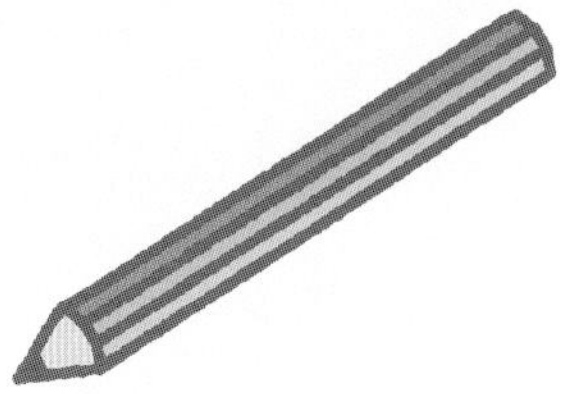

知識・技能

3 みきとロバートが話しています。それぞれの人物の好(す)きな時間を下の㋐〜㋒から選び、（　　）に記号を書きましょう。

トラック155　1つ5点（10点）

㋐

㋑

㋒

みき（　　）　ロバート（　　）

4 音声を聞き、質問(しつもん)の答えを下の㋐〜㋒から選び、（　　）に記号を書きましょう。

トラック156　1問5点（15点）

(1) ㋐
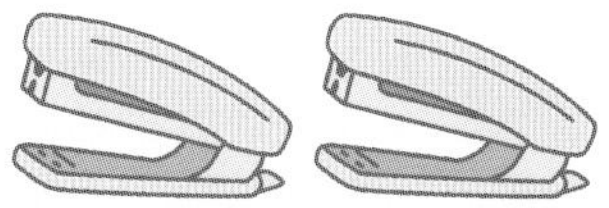

㋑

㋒
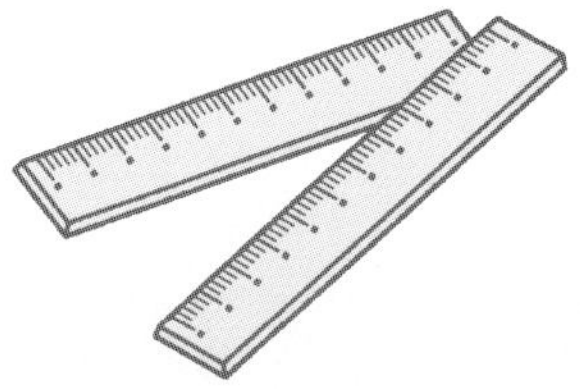

(2) ㋐

㋑

㋒

(3) ㋐

taxi

㋑

dog

㋒

cat

(1)（　　） (2)（　　） (3)（　　）

うらにも問題があります。

思考・判断・表現

5 絵の内容に合う英語の言葉を、［　　］の中から選んで［　　］に書きましょう。

1問3点（9点）

(1)

(2)

(3)

station　　bookstore　　police box

6 日本文の意味を表す英語の文になるように、［　　］の中から語を選んで［　　］に書き、文全体をなぞりましょう。

1問4点（16点）

(1) わたしはえんぴつを持っていません。

I ［　　　　］ have a ［　　　　］.

(2) わたしの教科書を見つけてくれますか。

Can you ［　　　　］ my ［　　　　］?

pencil　　textbook　　find　　don't

思考・判断・表現

7 絵の内容についての質問に対する答えの文を、［　　］の中から選んで＿＿に書きましょう。

1問5点（10点）

(1)

What time is it?

(2)

What time is it?

It's 9 p.m.　　It's 8 a.m.

8 日本文の意味を表す英語の文を、［　　］の中から選んで＿＿に書きましょう。

1問5点（15点）

(1) わたしはかばんの中に青いペンを持っています。

(2) あなたはどうですか。

(3) あの看板は何ですか。

What's that sign?
I have a blue pen in my bag.
How about you?

（切り取り線）

（切り取り線）

春のチャレンジテスト

月　日	時間 40分	知識・技能	思考・判断・表現	合格80点
名前		/50	/50	/100

答え20~21ページ

（切り取り線）

知識・技能

1
音声を聞き、内容に合う絵を下のア～ウから選び、(　　)に記号を書きましょう。

トラック157　1問4点(8点)

ア

イ

ウ

(1)(　　　)　(2)(　　　)

2
音声を聞き、それぞれの人物のお気に入りの場所を、線で結びましょう。

トラック158　1問4点(12点)

(1)

Sayo

(2)

Ren

(3)

Emily

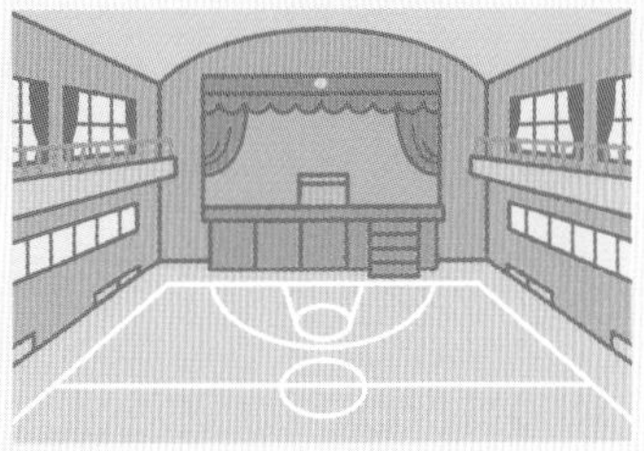

知識・技能

3
それぞれの人物がふだんすることを話しています。内容に合う絵を下のア～カから選び、(　　)に記号を書きましょう。

トラック159　1つ5点(20点)

ア

イ

ウ

エ

オ

カ

(1)

Chris

ふだんすること
(　　　)
時刻
(　　　)

(2)

Ayame

ふだんすること
(　　　)
時刻
(　　　)

4
音声を聞き、質問の答えを下のア～ウから選び、(　　)に記号を書きましょう。

トラック160　1問5点(10点)

(1) ア

イ
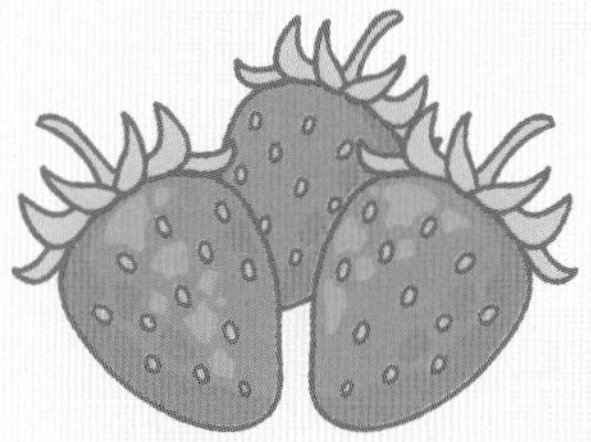
ウ

(2) ア

イ
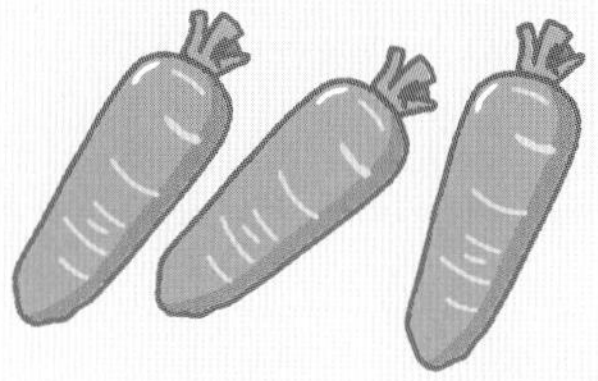
ウ
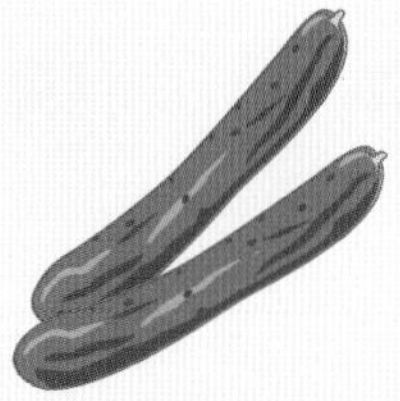

(1)(　　　)　(2)(　　　)

（切り取り線）

うらにも問題があります。

5 絵の内容に合う英語の言葉を、□の中から選んで□に書きましょう。

1問3点（9点）

(1)

(2)

(3)

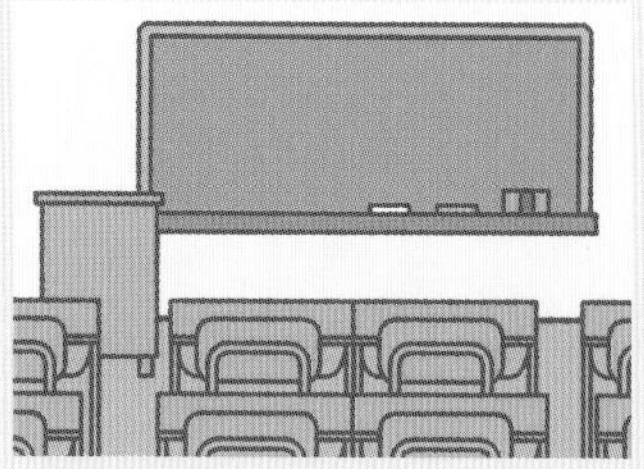

music　　classroom　　science

6 絵の内容に合う英語の文になるように、□の中から語を選んで□に書き、文全体をなぞりましょう。

1問4点（16点）

(1)

I ＿＿ to ＿＿
at 8:00 a.m.

(2)

I ＿＿ my ＿＿
at 9:00 p.m.

school　　teeth　　go　　brush

7 絵の内容に合う英語の文を、□の中から選んで＿＿に書きましょう。

1問5点（10点）

(1)

(2)

Go straight.　　Turn right.

8 日本文の意味を表す英語の文を、□の中から選んで＿＿に書きましょう。

1問5点（15点）

(1) ジャガイモをお願いします。

(2) ここは図工室です。

(3) トイレを左に曲がってください。

Turn left at the restroom.
I want potatoes, please.
This is the arts and crafts room.

（切り取り線）

（切り取り線）

4年 英語のまとめ

学力しんだんテスト

月　日	
名前	

時間 40分

知識・技能	思考・判断・表現	合格80点
/50	/50	/100

答え22〜23ページ

知識・技能

1

音声を聞き、指示(しじ)の内容(ないよう)に合う絵を下の㋐〜㋒から選(えら)び、(　　)に記号を書きましょう。

トラック161　1問5点(10点)

㋐

㋑

㋒

(1)(　　　)　(2)(　　　)

2

音声を聞き、それぞれの人物の好(す)きな教科を、線で結(むす)びましょう。

トラック162　1問5点(15点)

(1)

Sayo

(2)

Chris

(3)

Emily

知識・技能

3

ロバートが発表をしています。(1)、(2)の質問(しつもん)の答えを下の㋐〜㋒から選び、(　　)に記号を書きましょう。

トラック163　1問5点(10点)

(1) ロバートのお気に入りの場所はどこですか。

㋐
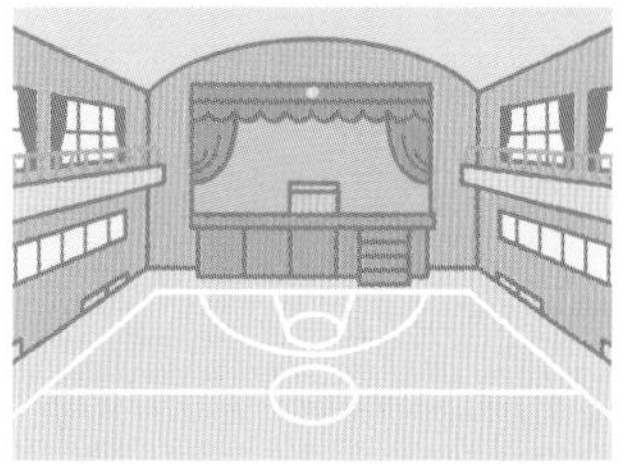
㋑
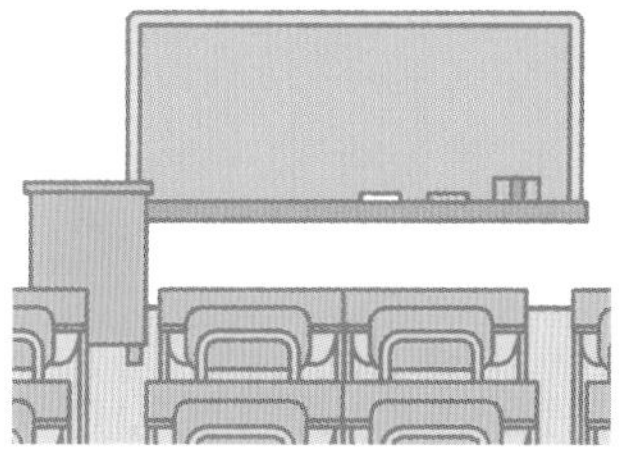
㋒

(2) ロバートは日曜日に何をしますか。

㋐

㋑

㋒

(1)(　　　)　(2)(　　　)

4

音声を聞き、質問の答えを下の㋐〜㋒から選び、(　　)に記号を書きましょう。

トラック164　1問5点(15点)

(1) ㋐

㋑

㋒

(2) ㋐

㋑

㋒

(3) ㋐

㋑
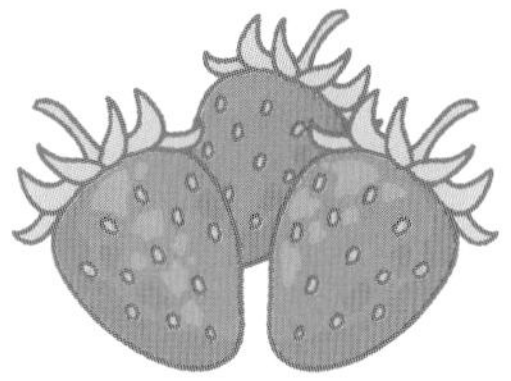
㋒
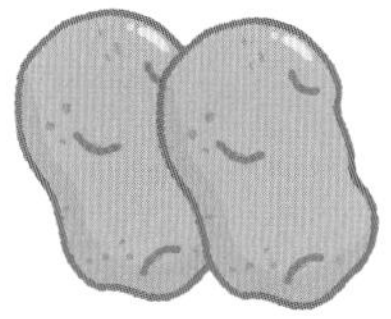

(1)(　　　)　(2)(　　　)　(3)(　　　)

(切り取り線)

うらにも問題があります。

思考・判断・表現

5 絵の内容に合う英語の文になるように、[ ]の中から語を選んで[ ]に書き、文全体をなぞりましょう。

1問3点（9点）

(1)

It's "＿＿＿＿ Time."

(2)

It's "＿＿＿＿ Time."

(3)

It's "＿＿＿＿ Time."

Study　　Bath　　Snack

6 日本文の意味を表す英語の文になるように、[ ]の中から語を選んで[ ]に書き、文全体をなぞりましょう。

1問4点（16点）

(1) わたしの消しゴムを見つけてくれますか。

Can you ＿＿＿＿ my ＿＿＿＿?

(2) 図書室を右に曲がってください。

Turn ＿＿＿＿ at the ＿＿＿＿.

library　　eraser　　find　　right

思考・判断・表現

7 絵の内容についての質問に対する答えの文を、[ ]の中から選んで＿＿に書きましょう。

1問5点（15点）

(1)

Do you have a red pen?

＿＿＿＿＿＿＿＿＿＿

(2)

What day is it?

＿＿＿＿＿＿＿＿＿＿

(3)

What do you want?

＿＿＿＿＿＿＿＿＿＿

It's Friday.　　I want apples, please.

Yes, I do.

8 日本文の意味を表す英語の文を、[ ]の中から選んで＿＿に書きましょう。

1問5点（10点）

(1) トランプをしましょう。

＿＿＿＿＿＿＿＿＿＿

(2) わたしは５時に家に帰ります。

＿＿＿＿＿＿＿＿＿＿

I go home at 5:00.　　Let's play cards.

（切り取り線）

50 曜日

□ 土曜日

49 曜日

□ 金曜日

48 曜日

□ 木曜日

47 曜日

□ 水曜日

54 モノ

□ イス

53 モノ

□ カバン

52 モノ

□ カレンダー

51 曜日

□ 日曜日

58 町

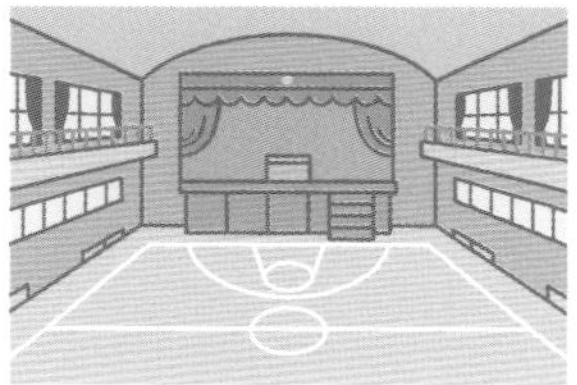

□ 体育館

57 モノ

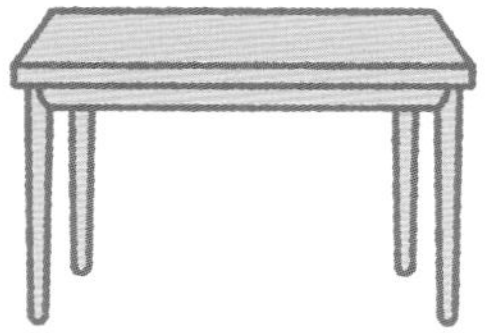

□ つくえ

56 モノ

□ 本

55 モノ

□ 時計

62 町

□ 学校

61 町

□ レストラン

60 町

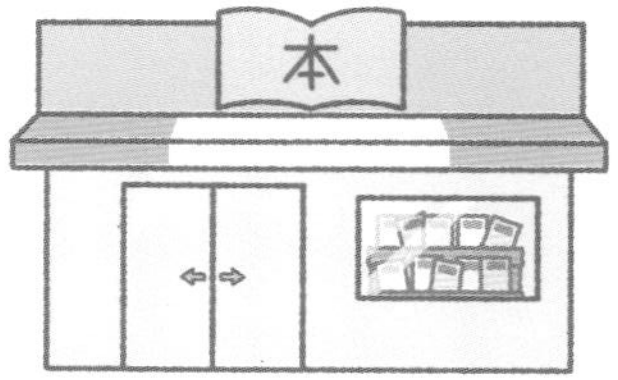

□ 本屋

59 町

□ 図書館

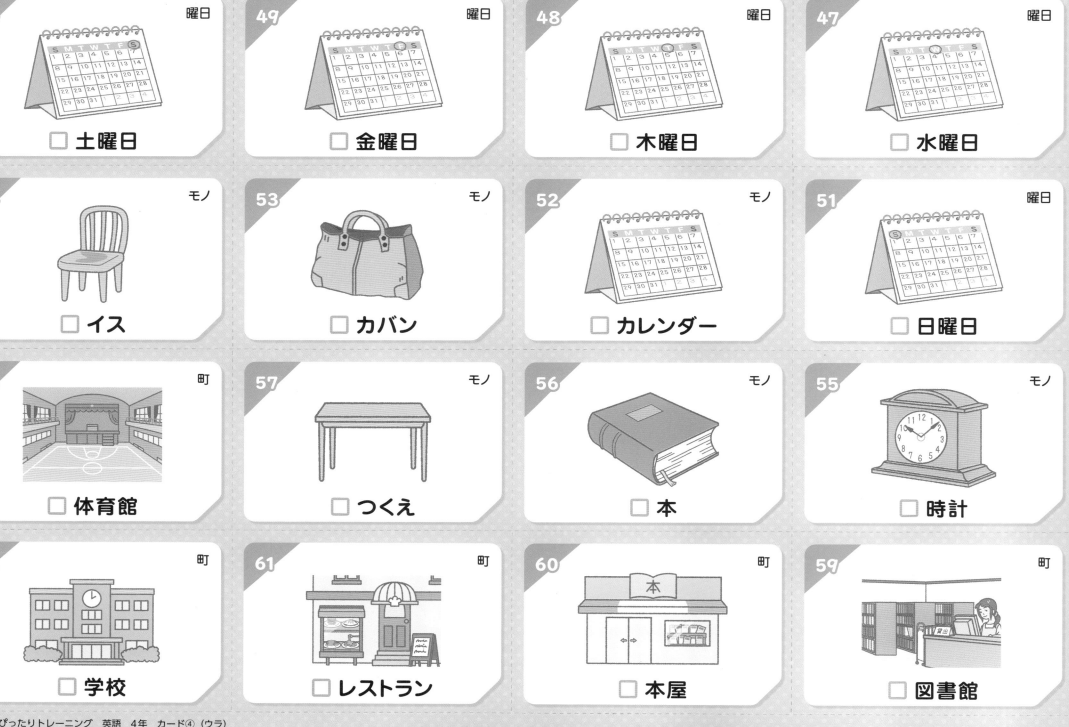

47 day

☐ Wednesday

48 day

☐ Thursday

49 day

☐ Friday

50 day

☐ Saturday

51 day

☐ Sunday

52 item

☐ calendar

53 item

☐ bag

54 item

☐ chair

55 item

☐ clock

56 item

☐ book

57 item

☐ desk

58 town

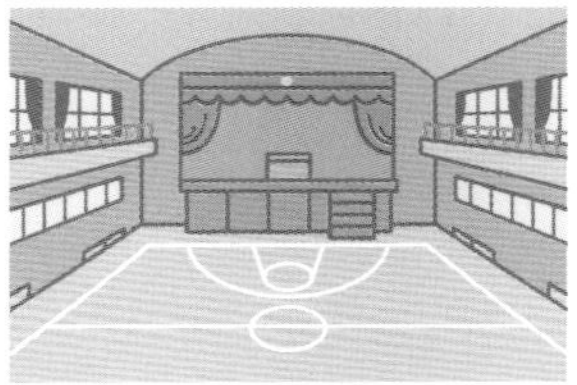

☐ gym

59 town

☐ library

60 town

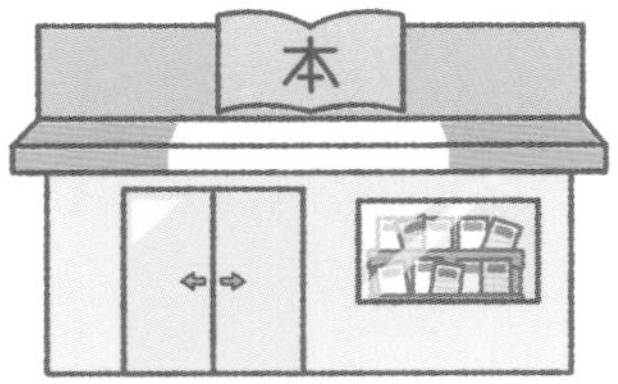

☐ bookstore

61 town

☐ restaurant

62 town

☐ school

34 文ぼう具

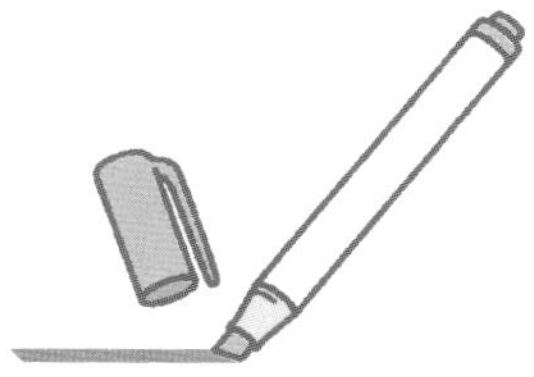

□ マーカー

33 文ぼう具

□ じしゃく

32 文ぼう具

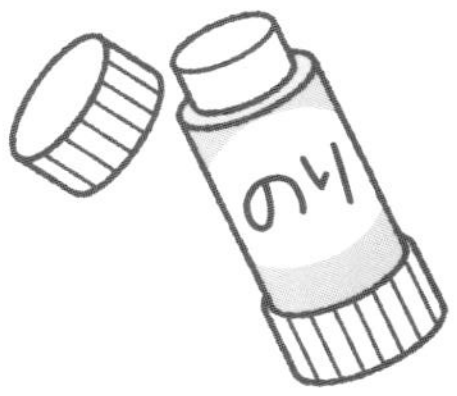

□ スティックのり

31 天気

□ 晴れた

38 文ぼう具

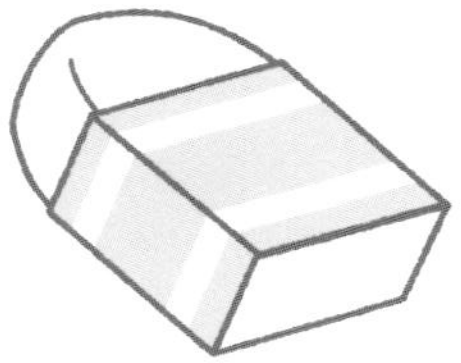

□ 消しゴム

37 文ぼう具

□ ペン

36 文ぼう具

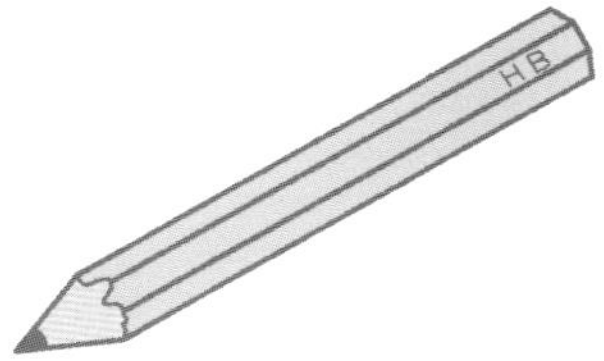

□ えんぴつ

35 文ぼう具

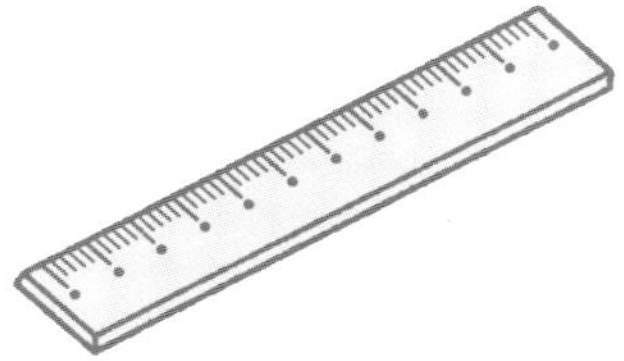

□ ものさし

42 向き

□ 左

41 文ぼう具

□ ノート

40 文ぼう具

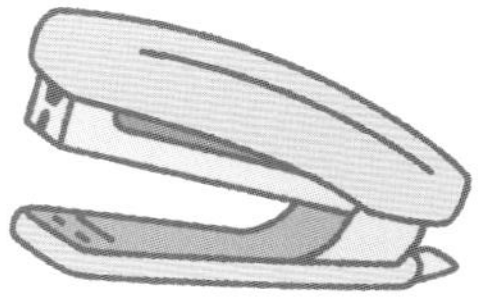

□ ホッチキス

39 文ぼう具

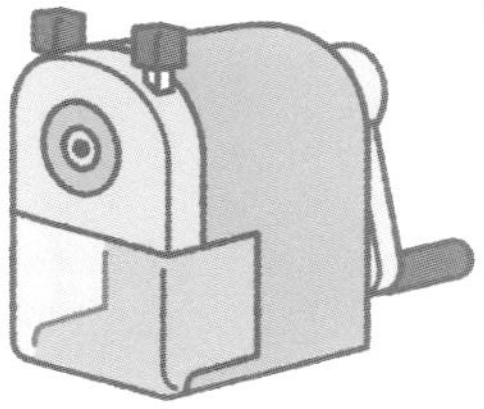

□ えんぴつけずり

46 曜日

□ 火曜日

45 曜日

□ 月曜日

44 向き

□ まっすぐ

43 向き

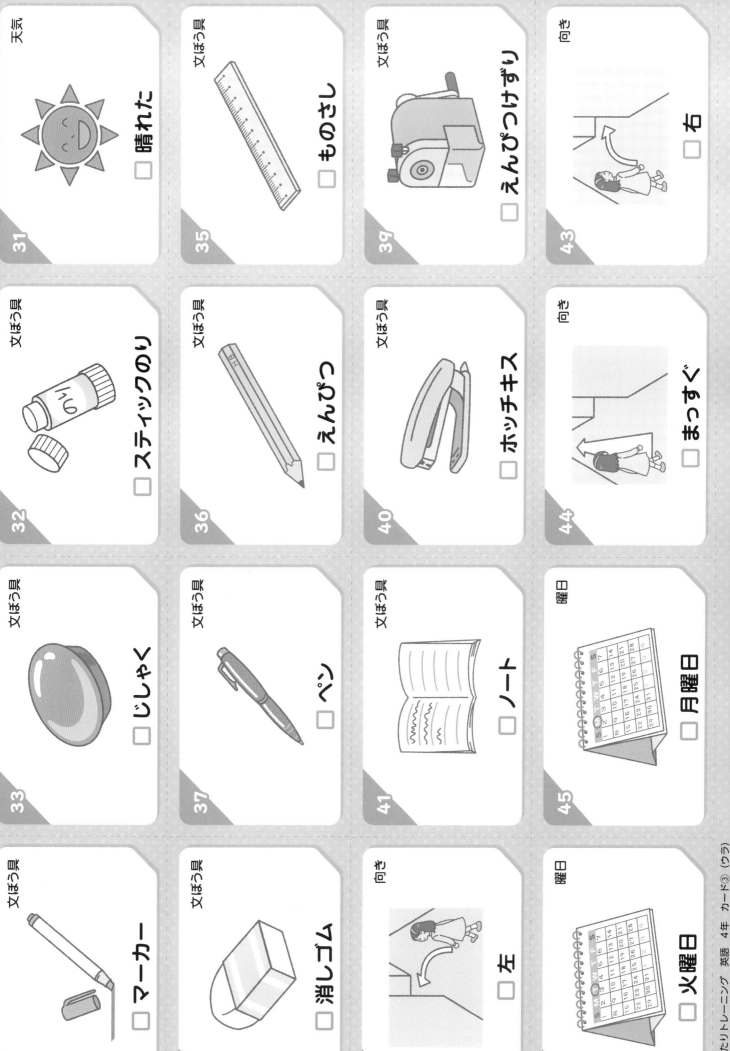

□ 右

31 weather

☐ sunny

32 stationery

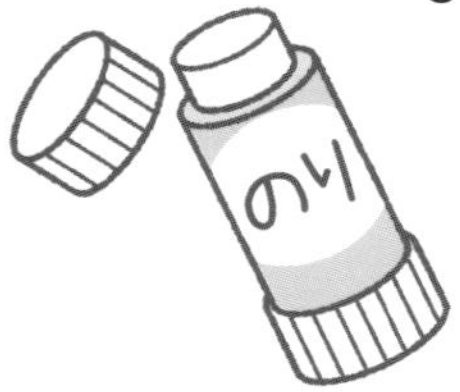

☐ glue stick

33 stationery

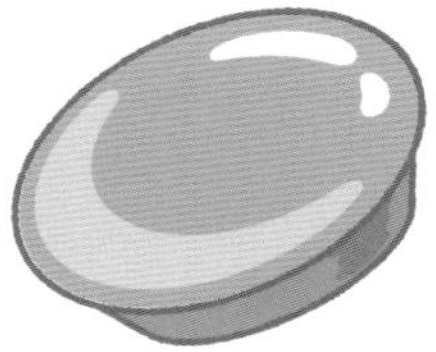

☐ magnet

34 stationery

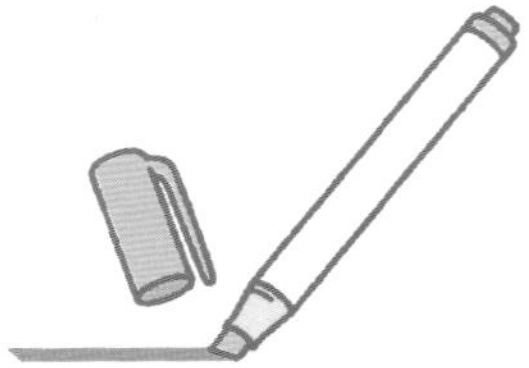

☐ marker

35 stationery

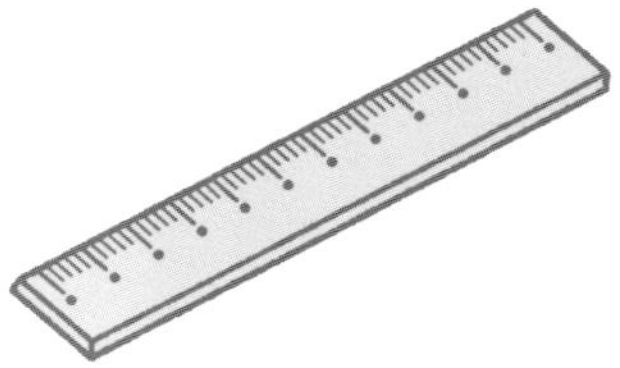

☐ ruler

36 stationery

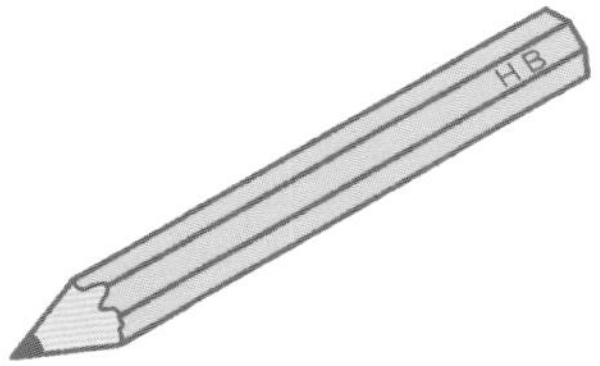

☐ pencil

37 stationery

☐ pen

38 stationery

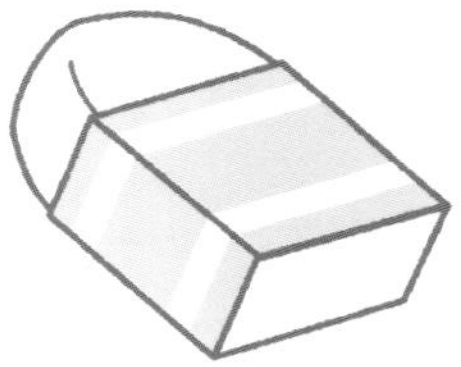

☐ eraser

39 stationery

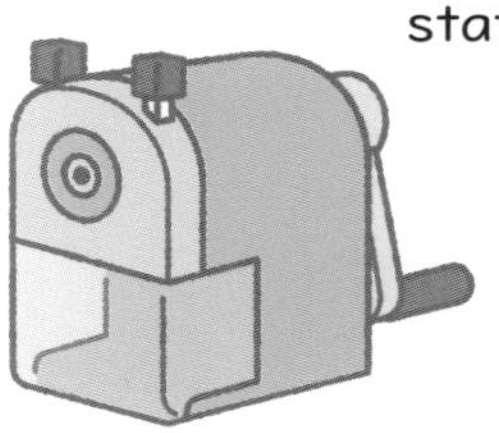

☐ pencil sharpener

40 stationery

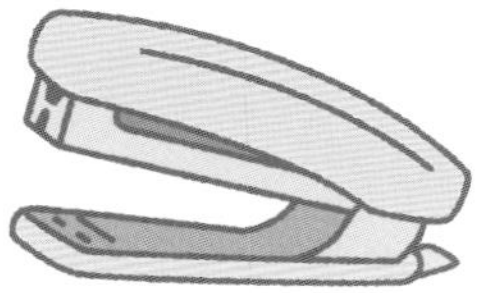

☐ stapler

41 stationery

☐ notebook

42 direction

☐ left

43 direction

☐ right

44 direction

☐ straight

45 day

☐ Monday

46 day

☐ Tuesday

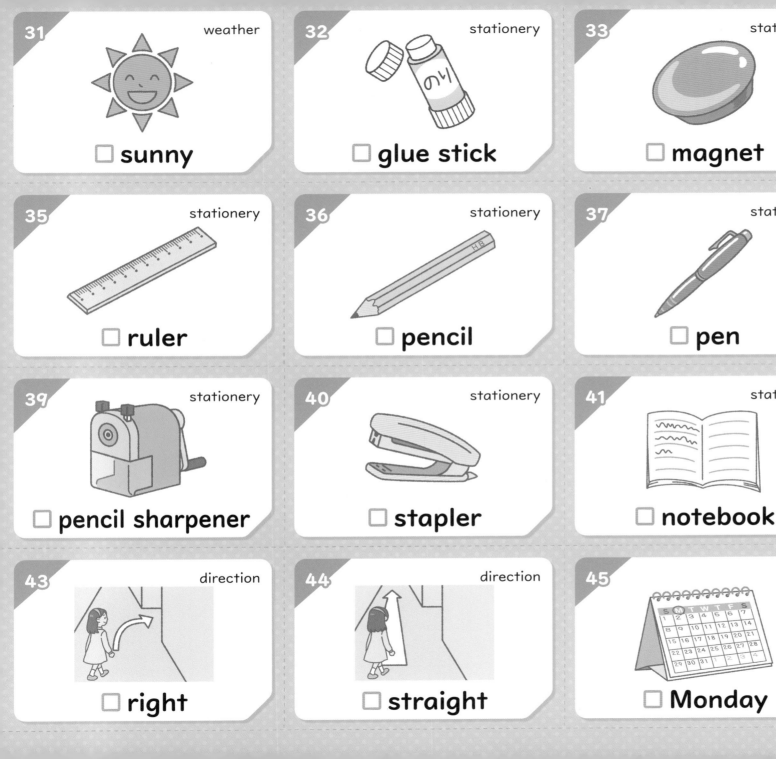

18 動作

☐ 歩く

17 動作

☐ 止まる

16 動作

☐ 走る

15 動作

☐ とび上がる

22 動作

☐ 家に帰る

21 動作

☐ 宿題をする

20 動作

☐ 学校のかばんをかくにんする

19 動作

☐ 歯をみがく

26 動作

☐ ごみを出す

25 動作

☐ ふとんをかたづける

24 動作

☐ 朝食を食べる

23 動作

☐ 学校へ行く

30 天気

☐ 雪の降(ふ)る

29 天気

☐ 雨降(ふ)りの

28 天気

☐ くもった

27 動作

☐ 顔をあらう

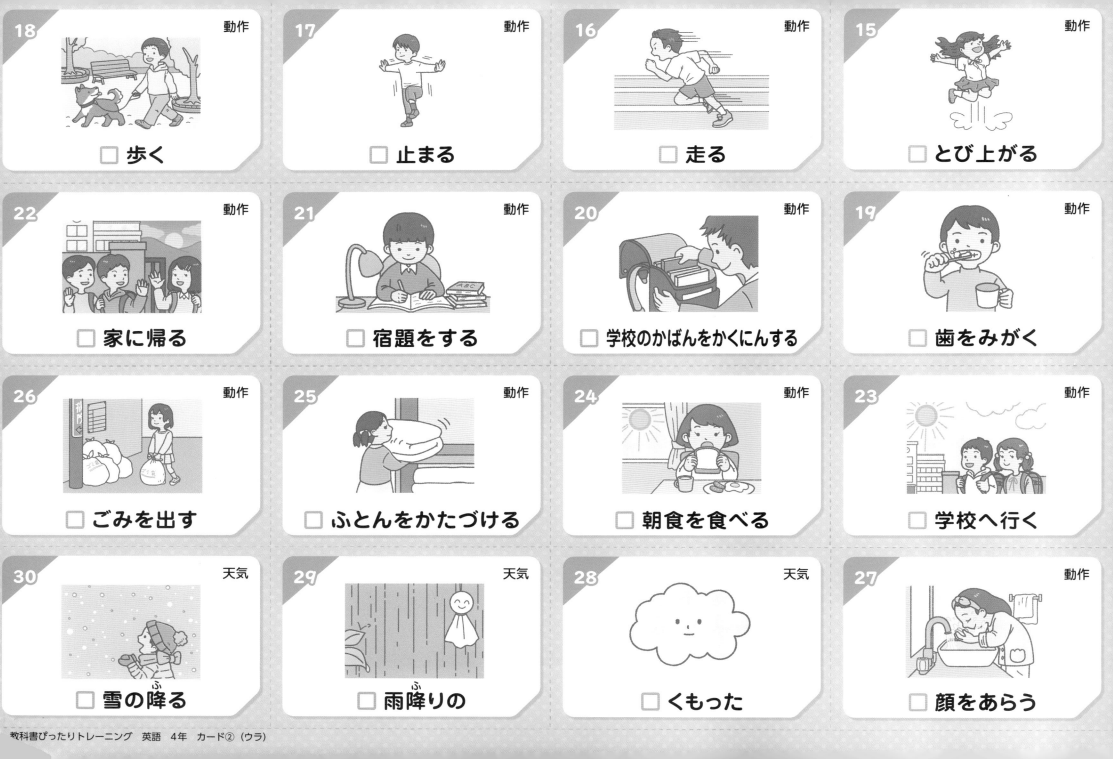

15 action

☐ jump

16 action

☐ run

17 action

☐ stop

18 action

☐ walk

19 action

☐ brush my teeth

20 action

☐ check my school bag

21 action

☐ do my homework

22 action

☐ go home

23 action

☐ go to school

24 action

☐ have breakfast

25 action

☐ put away my *futon*

26 action

☐ take out the garbage

27 action

☐ wash my face

28 weather

☐ cloudy

29 weather

☐ rainy

30 weather

☐ snowy

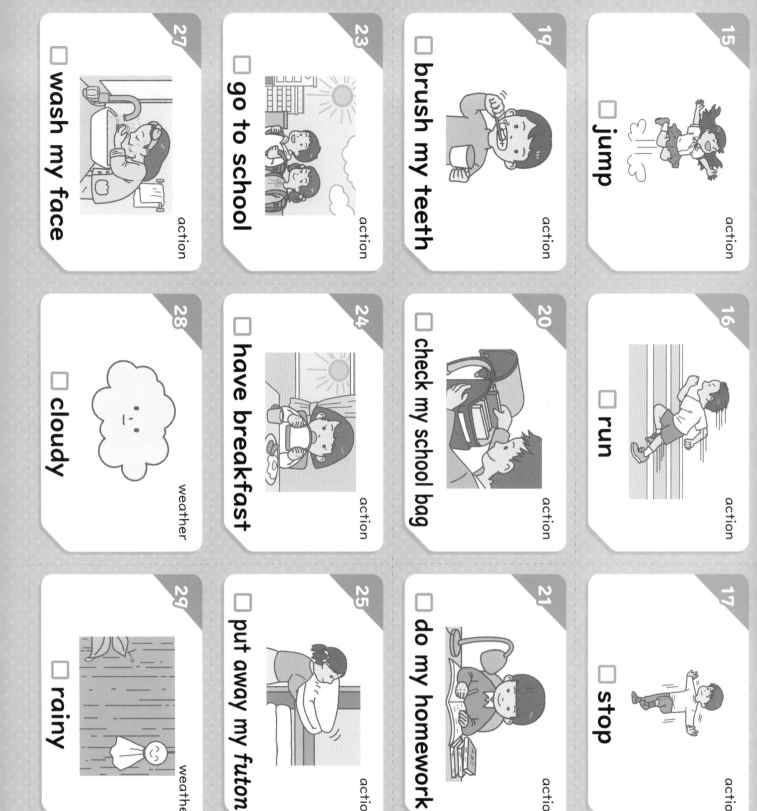

使い方

❶音声を聞いて、英語を読んでみましょう。イラストと合わせて覚(おぼ)えましょう。

❷日本語とイラストを見て、英語を言えるかかくにんしてみましょう。

❸音声クイズを聞いて、答えのカードをさがしてみましょう。

1 食べ物

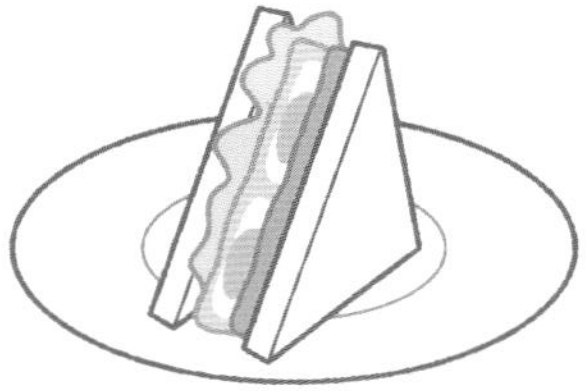

□ サンドイッチ

2 食べ物

□ サラダ

3 食べ物

□ スープ

4 食べ物

□ アイスクリーム

5 食べ物

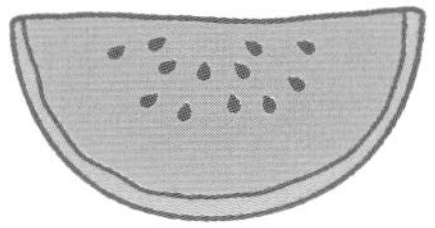

□ スイカ

6 食べ物

□ キャベツ

7 食べ物

□ トウモロコシ

8 食べ物

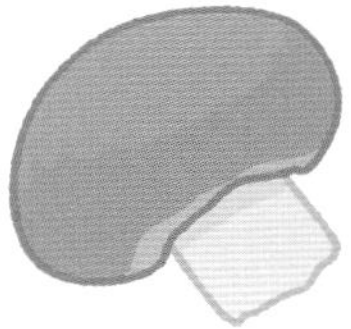

□ キノコ

9 食べ物

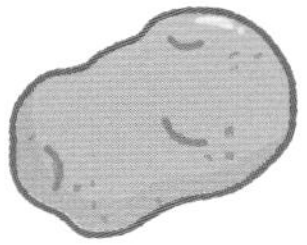

□ ジャガイモ

10 食べ物

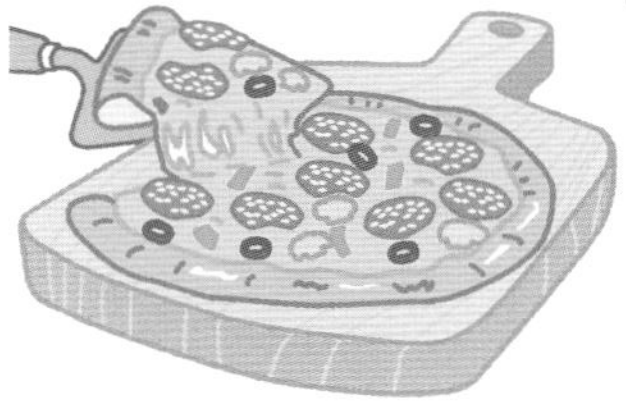

□ ピザ

11 食べ物

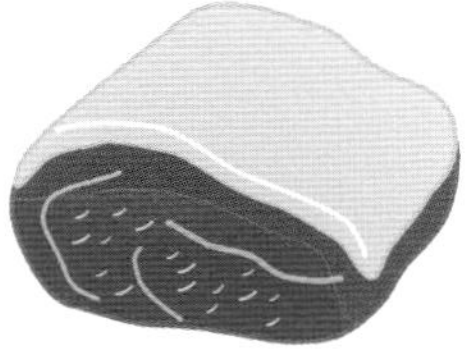

□ 肉

12 食べ物

□ パイ

13 食べ物

□ タマネギ

14 食べ物

□ トマト

＼ 音声クイズつき！ ／

イラストでおぼえる 英語(えいご)カード

4年

右のQRコードから、
音声を聞くことができます。

1 food

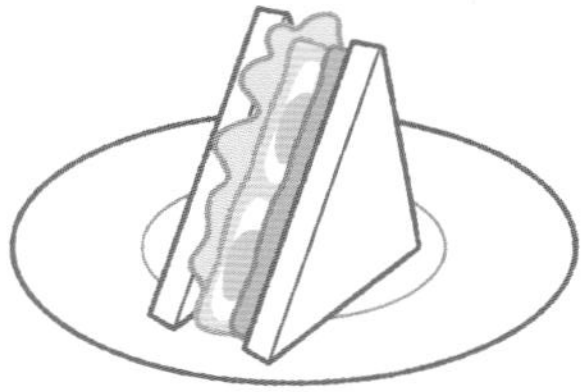

☐ sandwich

2 food

☐ salad

3 food

☐ soup

4 food

☐ ice cream

5 food

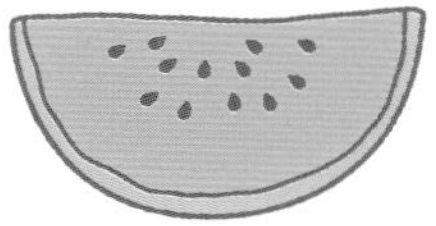

☐ watermelon

6 food

☐ cabbage

7 food

☐ corn

8 food

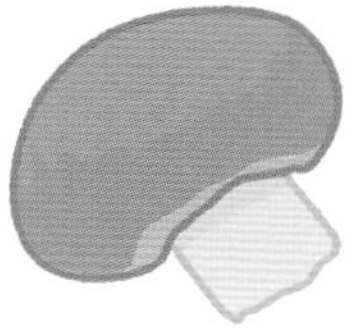

☐ mushroom

9 food

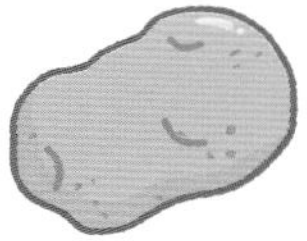

☐ potato

10 food

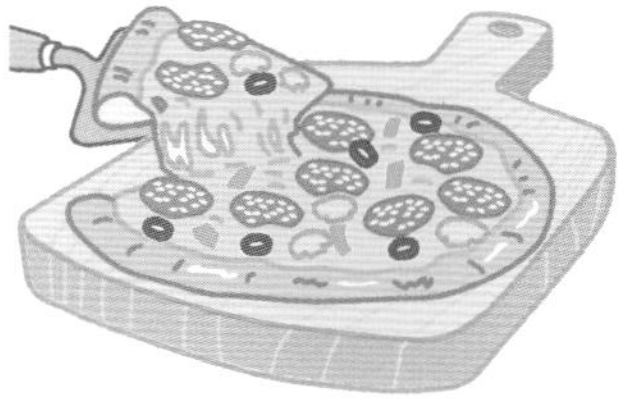

☐ pizza

11 food

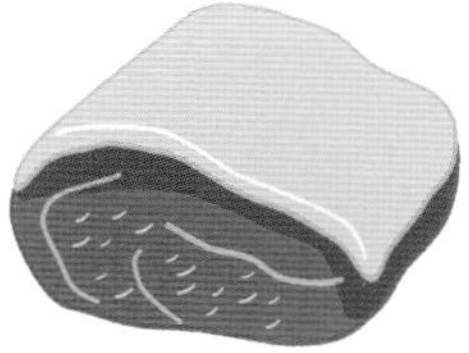

☐ meat

12 food

☐ pie

13 food

☐ onion

14 food

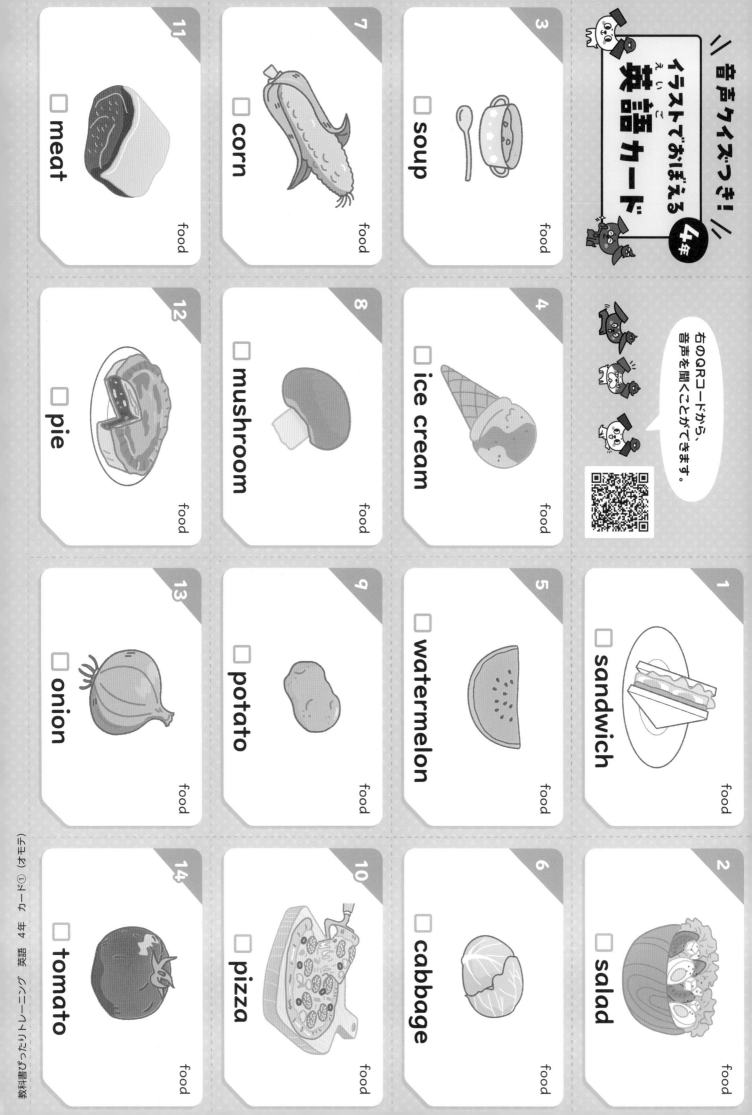

☐ tomato

バッチリポスター

英語4年 もっと会話が広がる表現集

ここでは、英語での会話を広げることができる表現やあいづちを学ぶことができます。
相手のことをより深く知るためにこれらの表現を使ってみましょう。

ここから音声が聞けるよ！

人を励ます表現

Good luck.（がんばって。）

Don’t worry.（心配しないで。）

Never mind.（気にしないで。）

Cheer up!（元気を出して！）

Don’t be shy.（はずかしがらないで。）

相手をほめる表現

You did it!（やったね！）

Great job.（よくやったね。）

How kind!（なんて親切なんだ！）

Well done!（すごいね！）

Good effort.（がんばったね。）

相手が言ったことを聞き返す表現

Say it again, please.
（もう一度おっしゃってください。）

Sorry?【文のさいごを上げる感じで】
（ごめんね。）

One more, please.
（もう一度お願いします。）

相手の話を深める表現

Why do you like it?（どうしてそれが好きなの。）

How was your summer vacation?
（夏休みはどうだった。）

What do you think about it?（それについてどう思う。）

How often do you go there?
（どのくらいよくそこに行くの。）

What happened next?（次に何が起きたの。）

相手に注意する表現

Be careful.（気をつけて。）

Watch out.（注意して。）

Don’t run in the classroom.
（教室の中を走らないで。）

Quiet, please.（静かにしてください。）

あいづち

I see.（なるほどね。）

That’s true.（たしかに。）

Really?（本当ですか。）

Uh-huh.（うんうん。）

Right.（そのとおりですね。）

英語4年 バッチリポスター 歌やリズムで覚えよう

からだ

Head and Shoulders (頭，かた)

Let's sing and touch each part of your body,
Head, shoulders, knees and toes, knees and toes.
Head, shoulders, knees and toes, knees and toes.
And, eyes and ears and mouth and nose.
Head, shoulders, knees and toes, knees and toes.

歌いながら，からだの部分をさわってみましょう。

ヘド　ショウルダァズ
Head, Shoulders
頭　かた

ニーズ　トウズ
knees, and toes
ひざ　つま先

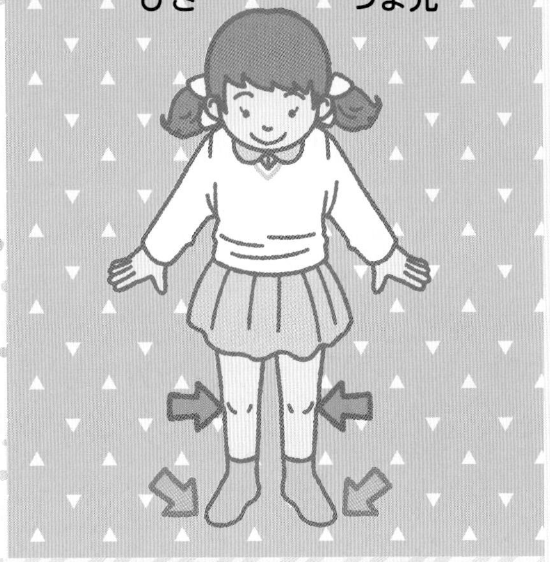

アイズ　イアズ
Eyes and ears
目　耳

マウス　ノウズ
mouth and nose
口　鼻

数字

Let's Count! (数えてみましょう。)

リズムに乗って，1から30まで数えてみましょう。

1 ワン one	2 トゥー two	3 スリー three	4 フォー four	5 ファイヴ five
6 スィクス six	7 セヴン seven	8 エイト eight	9 ナイン nine	10 テン ten
11 イレヴン eleven	12 トゥウェルヴ twelve	13 サーティーン thirteen	14 フォーティーン fourteen	15 フィフティーン fifteen
16 スィクスティーン sixteen	17 セヴンティーン seventeen	18 エイティーン eighteen	19 ナインティーン nineteen	20 トゥウェンティ twenty
21 トゥウェンティ ワン twenty-one	22 トゥウェンティ トゥー twenty-two	23 トゥウェンティ スリー twenty-three	24 トゥウェンティ フォー twenty-four	25 トゥウェンティ ファイヴ twenty-five
26 トゥウェンティスィクス twenty-six	27 トゥウェンティ セヴン twenty-seven	28 トゥウェンティ エイト twenty-eight	29 トゥウェンティ ナイン twenty-nine	30 サーティ thirty

教科書ぴったりトレーニング

英語 4年 がんばり表

いつも見えるところに、この「がんばり表」をはっておこう。
この「ぴたトレ」を学習したら、シールをはろう！
どこまでがんばったかわかるよ。

すきななまえをつけてね！

なまえ

ぴた犬（おとも犬）シールをはろう

シールの中からすきなぴた犬をえらぼう。

おうちのかたへ

がんばり表のデジタル版「デジタルがんばり表」では、デジタル端末でも学習の進捗記録をつけることができます。1冊やり終えると、抽選でプレゼントが当たります。「ぴたサポシステム」にご登録いただき、「デジタルがんばり表」をお使いください。LINE または PC・ブラウザを利用する方法があります。

LINE用　PC・ブラウザ用

★ぴたサポシステムご利用ガイドはこちら★
https://www.shinko-keirin.co.jp/shinko/news/pittari-support-system

スタート

Unit 1　こんにちは

12~13ページ	10~11ページ	8~9ページ
ぴったり3	ぴったり1 2	ぴったり1 2
できたらシールをはろう	できたらシールをはろう	できたらシールをはろう

Unit 2　トランプをしよう

26~27ページ	24~25ページ	22~23ページ	20~21ページ	18~19ページ	16~17ページ	14~15ページ
ぴったり3	ぴったり1 2	ぴったり1 2	ぴったり1 2	ぴったり3	ぴったり1 2	ぴったり1 2
できたらシールをはろう	できたらシールをはろう	できたらシールをはろう	できたらシールをはろう	できたらシールをはろう	できたらシールをはろう	できたらシールをはろう

Unit 3　月曜日が好(す)きです

28~29ページ	30~31ページ	32~33ページ	34~35ページ	36~37ページ	38~39ページ
ぴったり1 2	ぴったり1 2	ぴったり3	ぴったり1 2	ぴったり1 2	ぴったり3
できたらシールをはろう	できたらシールをはろう	できたらシールをはろう	できたらシールをはろう	できたらシールをはろう	できたらシールをはろう

Unit 4　何時ですか

40~41ページ	42~43ページ	44~45ページ	46~47ページ
ぴったり1 2	ぴったり1 2	ぴったり1 2	ぴったり3
できたらシールをはろう	できたらシールをはろう	できたらシールをはろう	できたらシールをはろう

Unit 5　ペンを持っていますか

58~59ページ	56~57ページ	54~55ページ	52~53ページ	50~51ページ	48~49ページ
ぴったり3	ぴったり1 2	ぴったり1 2	ぴったり3	ぴったり1 2	ぴったり1 2
できたらシールをはろう	できたらシールをはろう	できたらシールをはろう	できたらシールをはろう	できたらシールをはろう	できたらシールをはろう

Unit 6　アルファベット

64~65ページ	62~63ページ	60~61ページ
ぴったり3	ぴったり1 2	ぴったり1 2
できたらシールをはろう	できたらシールをはろう	できたらシールをはろう

Unit 7　何がほしいですか

70~71ページ	68~69ページ	66~67ページ
ぴったり3	ぴったり1 2	ぴったり1 2
できたらシールをはろう	できたらシールをはろう	できたらシールをはろう

Unit 8　ここはわたしのお気に入りの場所です

72~73ページ	74~75ページ	76~77ページ	78~79ページ	80~81ページ
ぴったり1 2	ぴったり1 2	ぴったり1 2	ぴったり3	ぴったり3
できたらシールをはろう	できたらシールをはろう	できたらシールをはろう	できたらシールをはろう	できたらシールをはろう

Unit 9　これがわたしの1日です

82~83ページ	84~85ページ	86~87ページ
ぴったり1 2	ぴったり1 2	ぴったり3
できたらシールをはろう	できたらシールをはろう	できたらシールをはろう

ゴール

さいごまでがんばったキミは「ごほうびシール」をはろう！

ごほうびシールをはろう

（キリトリ線）

教科書ぴったりトレーニング　英語　4年　英語活動対応版　折込①（オモテ）

教科書ぴったりトレーニングの使い方

『ぴたトレ』は学校の授業にぴったり合わせて使うことができるよ。
ぴた犬たちが勉強をサポートするよ。

ふだんの学習

ぴったり1 じゅんび

学校の授業のだいじなところをまとめていくよ。
めあて でどんなことを勉強するかわかるよ。
音声を聞きながら、自分で声に出してかくにんしよう。

↓

ぴったり2 練習

「ぴったり１」で勉強したこと、おぼえているかな？
かくにんしながら、自分で書く練習をしよう。

↓

ぴったり3 たしかめのテスト

「ぴったり１」「ぴったり２」が終わったら取り組んでみよう。
学校のテストの前にやってもいいね。
わからない問題は、ふりかえり を見て前にもどってかくにんしよう。

↓

実力チェック

- 夏のチャレンジテスト
- 冬のチャレンジテスト
- 春のチャレンジテスト
- 4年 英語のまとめ 学力診断テスト

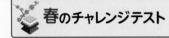

夏休み、冬休み、春休み前に使いましょう。
学期の終わりや学年の終わりのテストの前にやってもいいね。

ふだんの学習が終わったら、「がんばり表」にシールをはろう。

別冊

丸つけラクラクかいとう

問題と同じ紙面に赤字で「答え」が書いてあるよ。
取り組んだ問題の答え合わせをしてみよう。まちがえた問題やわからなかった問題は、右の「てびき」を読んで、もう一度見直そう。

おうちのかたへ

本書『教科書ぴったりトレーニング』は、重要事項をつかむ「ぴったり１ じゅんび」、おさらいをしながら単語や表現の書き取りに慣れる「ぴったり２ 練習」、テスト形式で学習事項が定着したか確認する「ぴったり３ たしかめのテスト」の３段階構成になっています。学校の授業のねらいに完全対応していますので、日々の学習（トレーニング）にぴったりです。

「観点別学習状況の評価」について

学校の通知表は、「知識・技能」「思考・判断・表現」「主体的に学習に取り組む態度」の３つの観点による評価がもとになっています。

問題集やドリルでは、一般に知識を問う問題が中心になりますが、本書『教科書ぴったりトレーニング』では、次のように、観点別学習状況の評価に基づく問題を取り入れて、成績アップに結びつくことをねらいました。

ぴったり3 たしかめのテスト

- 「知識・技能」のうち、特に技能（具体的な情報の聞き取りなど）を取り上げた問題には「技能」と表示しています。
- 「思考・判断・表現」のうち、特に思考や表現（予想したり文章で説明したりすることなど）を取り上げた問題には「思考・判断・表現」と表示しています。

チャレンジテスト

- 主に「知識・技能」を問う問題か、「思考・判断・表現」を問う問題かで、それぞれに分類して出題しています。

別冊『丸つけラクラク解答』について

おうちのかたへ では、次のようなものを示しています。

- 学習のねらいやポイント
- まちがいやすいことやつまずきやすいところ

お子様への説明や、学習内容の把握などにご活用ください。

内容の例

おうちのかたへ

このユニットでは、過去に行った場所やしたことを伝える表現を練習しました。I went to～.（私は～へ行きました。）などに対して、Sounds good!（楽しそうだね。）などを使って感想を伝えてみてください。

教科書ぴったりトレーニング

丸つけラクラクかいとう

この「丸つけラクラクかいとう」はとりはずしてお使いください。

英語活動対応版
英語4年

「丸つけラクラクかいとう」では問題と同じ紙面に、赤字で答えを書いています。

①問題がとけたら、まずは答え合わせをしましょう。

②まちがえた問題やわからなかった問題は、てびきを読んだり、教科書を読み返したりしてもう一度見直しましょう。

おうちのかたへ では、次のようなものを示しています。

- 学習のねらいやポイント
- 他の学年や他の単元の学習内容とのつながり
- まちがいやすいことやつまずきやすいところ

お子様への説明や、学習内容の把握などにご活用ください。

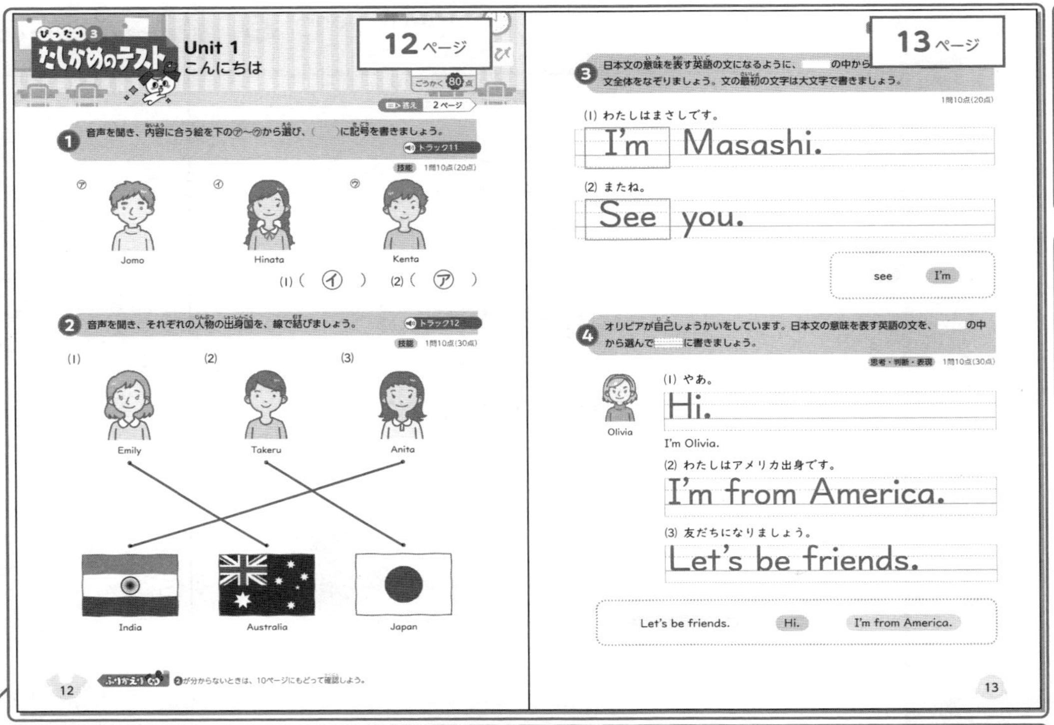
ぴったり3 たしかめのテスト Unit 1 こんにちは　12ページ

1 音声を聞き、内容に合う絵を下の㋐～㋒から選び、（　）に記号を書きましょう。

㋐ Jomo　㋑ Hinata　㋒ Kenta

(1)（ ㋑ ）　(2)（ ㋐ ）

2 音声を聞き、それぞれの人物の出身国を、線で結びましょう。

(1) Emily　(2) Takeru　(3) Anita

India　Australia　Japan

13ページ

3 日本文の意味を表す英語の文になるように、　の中から語を選んで、文全体をなぞりましょう。文の最初の文字は大文字で書きましょう。

(1) わたしはまさしです。　I'm Masashi.

(2) またね。　See you.

see　I'm

4 オリビアが自己しょうかいをしています。日本文の意味を表す英語の文を、　の中から選んで　に書きましょう。

(1) やあ。　Hi.

I'm Olivia.

(2) わたしはアメリカ出身です。　I'm from America.

(3) 友だちになりましょう。　Let's be friends.

Let's be friends.　Hi.　I'm from America.

見やすい答え

読まれる英語

1 (1)Hello!　I'm Hinata.
(2)Hi.　I'm Jomo.

2 (1)I'm Emily.　I'm from Australia.
(2)I'm Takeru.　I'm from Japan.
(3)Hello.　I'm Anita.　I'm from India.

読まれる英語

おうちのかたへ

このユニットではあいさつや自分の名前と出身国の伝え方を練習しました。日常生活でお子さまとHi.やSee you.などのあいさつを交わしたり、簡単な自己紹介をしあったりして、英語に触れる時間をとってみてください。

おうちのかたへ

1 Hello.（こんにちは。）やHi.（やあ。）というあいさつのあとに、I'm ～.（わたしは～です。）と名前が読まれます。I'mのあとの名前に注意して聞き取りましょう。

2 I'm from ～.（わたしは～出身です。）と出身国を伝える英語が読まれます。fromのあとの国を表す言葉に注意して聞き取りましょう。

3 名前を伝える表現と、別れのあいさつを練習しましょう。See you.（またね。）は人と別れるときに使うあいさつです。

4 自己しょうかいをするときは、はじめにあいさつをして、名前や出身国を伝えます。最後にLet's be friends.（友だちになりましょう。）などと言うのもよいでしょう。

くわしいてびき

※紙面はイメージです。

12ページ

ぴったり3 たしかめのテスト Unit 1 こんにちは

ごうかく80点 答え 2ページ

❶ 音声を聞き、内容に合う絵を下の㋐～㋒から選び、（　）に記号を書きましょう。 トラック11

技能 1問10点(20点)

(1)（ ㋑ ）　(2)（ ㋒ ）

❷ 音声を聞き、それぞれの人物の好きなものを、線で結びましょう。 トラック12

技能 1問10点(30点)

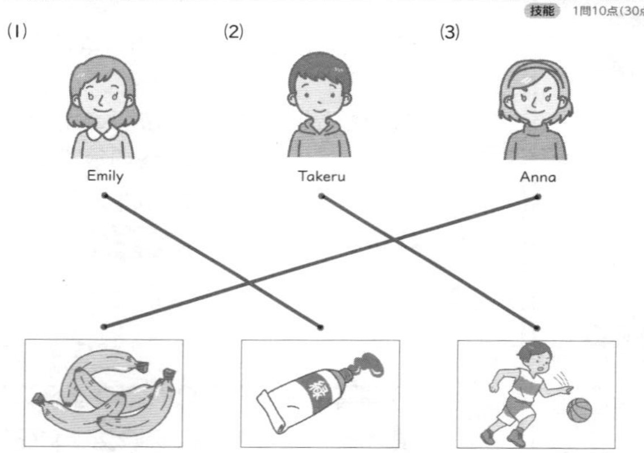

ふりかえり ❷が分からないときは、10ページにもどって確認しよう。

12

13ページ

❸ 日本文の意味を表す英語の文になるように、　の中から選んで、文全体をなぞりましょう。

1問10点(20点)

(1)（午後に）こんにちは。

Good afternoon.

(2) おやすみ。

Good night.

night　afternoon

❹ やまとが自己しょうかいをしています。日本文の意味を表す英語の文を、　の中から選んで　に書きましょう。

思考・判断・表現 1問10点(30点)

(1) おはよう。

Good morning.

(2) わたしはやまとです。

I'm Yamato.

(3) わたしは水泳が好きです。

I like swimming.

Good morning.　I like swimming.　I'm Yamato.

13

❶ Good morning.(おはよう。)とGoodbye.(さようなら。)というあいさつが読まれます。それぞれどんな場面で使われるあいさつかよく考えて答えましょう。

❷ I'm ～.(わたしは～です。)とI like ～.(わたしは～が好きです。)と伝える英語が読まれます。likeのあとの言葉に注意して聞き取りましょう。

❸ Good afternoon.(こんにちは。)は午後に使うあいさつです。Good night.(おやすみ。)はねる前に使うあいさつです。

❹ 自己しょうかいでは、あいさつをしたあと、自分の名前や好きなものなどを伝えるといいでしょう。Good morning.(おはよう。)は午前中に使うあいさつです。

読まれる英語

❶ (1) Good morning.
(2) Goodbye.

❷ (1) I'm Emily.　I like green.
(2) I'm Takeru.　I like basketball.
(3) Hello.　I'm Anna.　I like bananas.

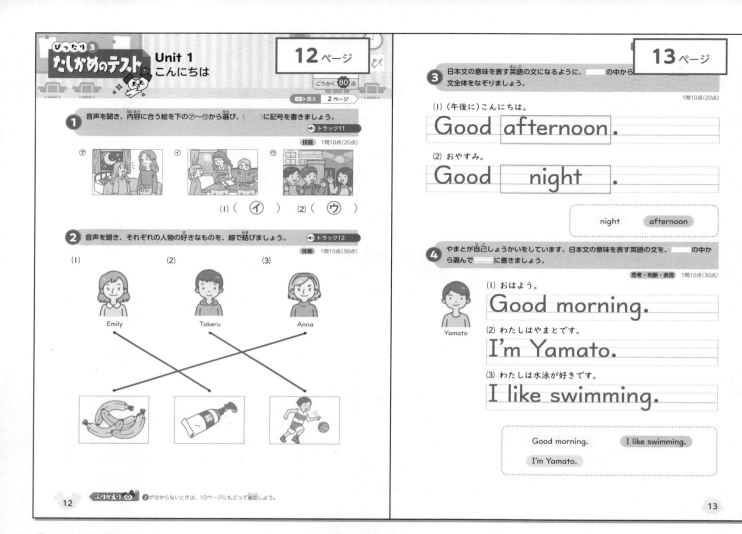

おうちのかたへ

このユニットでは、さまざまなあいさつをあつかいました。お子さまと、午前中にはGood morning.、午後にはGood afternoon.とあいさつをし合って、時間帯に合ったあいさつをする練習をしてみてください。

18ページ

ぴったり3 たしかめのテスト
Unit 2−① トランプをしよう

ごうかく80点　答え 3ページ

❶ 音声を聞き、内容に合う絵を下の㋐〜㋒から選び、(　)に記号を書きましょう。 トラック21
技能 1問10点(20点)

(1) (㋒)　(2) (㋐)

❷ 音声を聞き、それぞれの人物がしたい遊びを、線で結びましょう。 トラック22
技能 1問10点(30点)

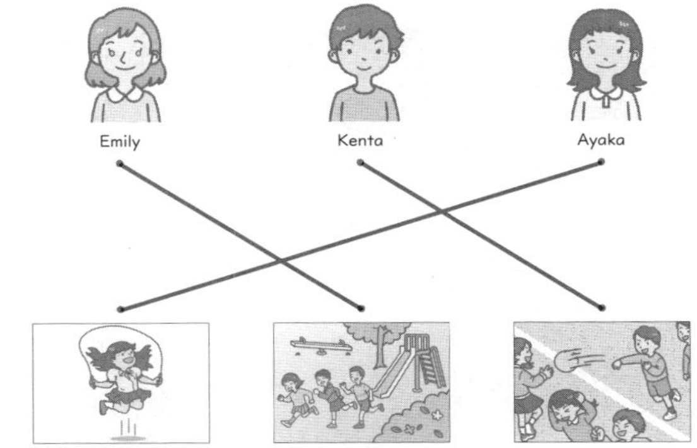

ふりかえり ❷が分からないときは、16ページにもどって確認しよう。

18

19ページ

❸ 日本文の意味を表す英語の文になるように、　　の中から語を選び、文全体をなぞりましょう。
1問10点(20点)

(1) 天気はどうですか。
How's the weather?

(2) ((1)に答えて)雪が降っています。
It's snowy.

weather　snowy

❹ エミリーがクリスとさくらに話しかけています。日本文の意味を表す英語の文を、　　の中から選んで　　に書きましょう。
思考・判断・表現 1問10点(30点)

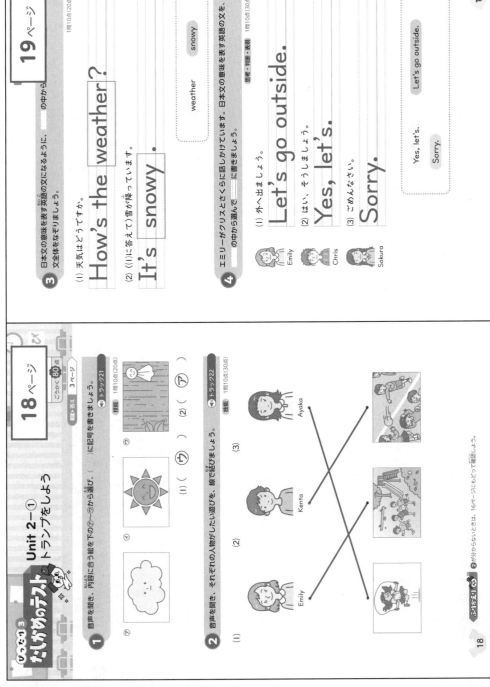

(1) 外へ出ましょう。
Let's go outside.

(2) はい、そうしましょう。
Yes, let's.

(3) ごめんなさい。
Sorry.

Yes, let's.　Let's go outside.　Sorry.

19

読まれる英語

❶ (1) A: How's the weather?
B: It's rainy.
(2) A: How's the weather?
B: It's cloudy.

❷ (1) Hi. I'm Emily. Let's play tag.
(2) Hi. I'm Kenta. Let's play dodgeball.
(3) Hi. I'm Ayaka. Let's play jump rope.

おうちのかたへ

このユニットでは天気のたずね方と答え方、遊びなどにさそったり答えたりする表現を練習しました。お子さまにHow's the weather?とたずねたり、Let's play ～.とさそったりして、答える練習をさせてみてください。

❶ How's the weather?(天気はどうですか。)とたずねる英語と、It's ～.(～です。)と天気を答える英語が読まれます。It'sのあとの天気を表す言葉に注意して聞き取りましょう。

❷ 自分の名前を言ったあと、Let's play ～.(～しましょう。)と相手をさそう英語が読まれます。playのあとの言葉に注意して聞き取りましょう。

❸ 天気をたずねる表現と、天気を答える表現を練習しましょう。weatherは「天気」を表す言葉です。

❹ 相手をさそうときは、Let's ～.(～しましょう。)と言います。さそいを受けるときは、Yes, let's.(はい、そうしましょう。)、断るときは、Sorry.(ごめんなさい。)と言います。

ぴったり3 たしかめのテスト Unit 2−② トランプをしよう

26ページ

ごうかく80点　答え 4ページ

1 音声を聞き、さわるように指示されている体の場所を下の㋐〜㋒から選び、(　)に記号を書きましょう。 トラック35

技能 1問10点(20点)

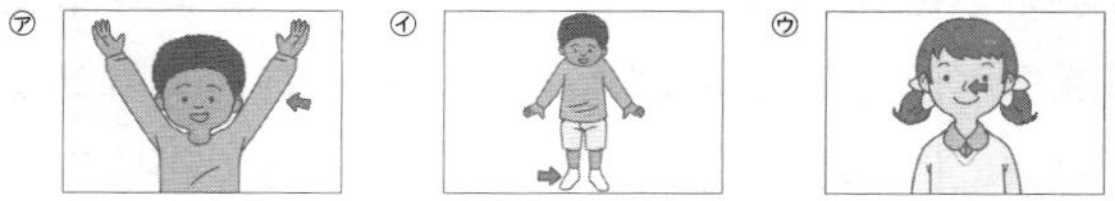

(1)(　㋑　)　(2)(　㋐　)

2 音声を聞き、それぞれの人物が身につけるように指示されているものを、線で結びましょう。 トラック36

技能 1問10点(30点)

(1)　(2)　(3)

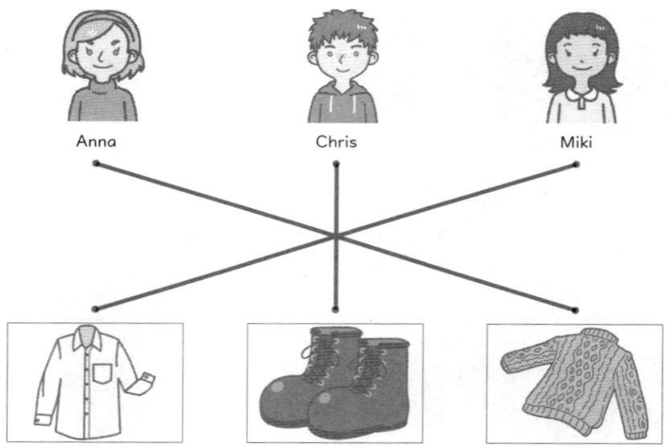

ふりかえり ❶が分からないときは、24ページにもどって確認しよう。

27ページ

3 日本文の意味を表す英語の文になるように、　の中から選んで　に書き、文全体をなぞりましょう。文の最初の文字は大文字で書きましょう。

1問10点(20点)

(1) 座ってください。

Sit down.

(2) 後ろを向いてください。

Turn around.

turn　sit

4 エミリーが3つの指示をしています。それぞれの日本文に合う英語の文を、　の中から選んで　に書きましょう。

思考・判断・表現 1問10点(30点)

(1) 頭をさわってください。

Touch your head.

(2) 立ってください。

Stand up.

(3) ぼうしをかぶってください。

Put on your cap.

Put on your cap.　Touch your head.　Stand up.

読まれる英語

1 (1) Touch your foot.

(2) Touch your arm.

2 (1) Put on your sweater, Anna.

(2) Put on your boots, Chris.

(3) Put on your shirt, Miki.

おうちのかたへ

このユニットでは「〜してください。」と相手に指示をしたりたのんだりする表現を練習しました。お子さまとお互いに指示を出し合って、正しくできるかゲーム形式で練習してみてください。

1 Touch your 〜.(あなたの〜をさわってください。)という英語が読まれます。yourのあとの体の場所を表す言葉に注意して聞き取りましょう。

2 相手に指示をする英語が読まれます。Put on your 〜.は「あなたの〜を着てください。」という意味です。くつやブーツを「はく」と言うときにも使うことができます。

3 sitには「座る」、turnには「ふり返る」という意味があります。

4 相手に指示をする英語の文を選んで書きましょう。それぞれの英語の文がどんな言葉で始まっているか注意しながら、意味を考えてみましょう。

32ページ

ぴったり3 たしかめのテスト
Unit 3−①
月曜日が好きです

ごうかく80点　答え 5ページ

❶ 音声を聞き、内容に合う絵を下の㋐〜㋒から選び、（　）に記号を書きましょう。　トラック45

技能　1問10点(20点)

(1)（ ㋒ ）　(2)（ ㋐ ）

❷ 音声を聞き、それぞれの人物が今いる場所を、線で結びましょう。　トラック46

技能　1問10点(30点)

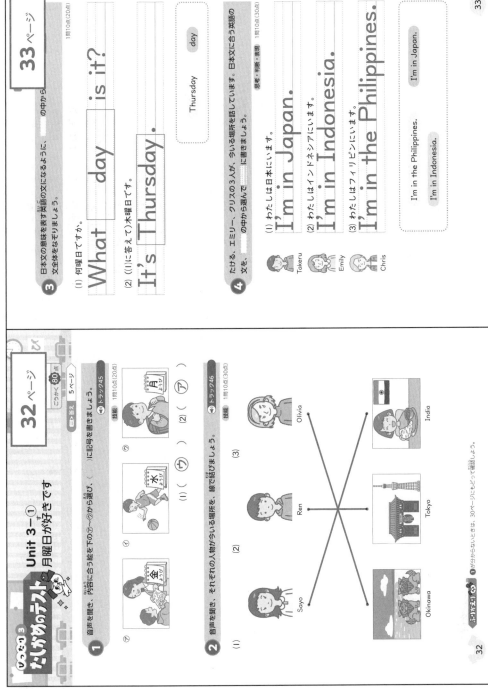

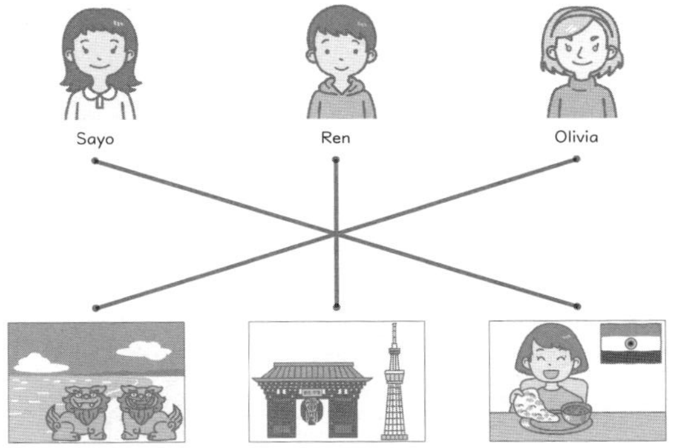

ふりかえり　❶が分からないときは、30ページにもどって確認しよう。

32

33ページ

❸ 日本文の意味を表す英語の文になるように、　　の中から選んで　　に書き、文全体をなぞりましょう。

1問10点(20点)

(1) 何曜日ですか。

What day is it?

(2) ((1)に答えて)木曜日です。

It's Thursday.

Thursday　day

❹ たける、エミリー、クリスの3人が、今いる場所を話しています。日本文に合う英語の文を、　　の中から選んで　　に書きましょう。

思考・判断・表現　1問10点(30点)

(1) わたしは日本にいます。（Takeru）

I'm in Japan.

(2) わたしはインドネシアにいます。（Emily）

I'm in Indonesia.

(3) わたしはフィリピンにいます。（Chris）

I'm in the Philippines.

I'm in the Philippines.　I'm in Japan.　I'm in Indonesia.

33

読まれる英語

❶ (1)A: What day is it?
B: It's Monday.
(2)A: What day is it?
B: It's Friday.

❷ (1)Hi.　I'm Sayo.　I'm in India.
(2)Hi.　I'm Ren.　I'm in Tokyo.
(3)Hello.　I'm Olivia.　I'm in Okinawa.

おうちのかたへ

このユニットでは、曜日をたずねる表現をあつかいました。What day is it?は、日常生活でよく使う英語表現です。毎朝、お子さまと曜日をたずねたり答えたりするやり取りを楽しんでみてください。

❶ What day is it?(何曜日ですか。)とたずねる英語と、It's 〜.(〜です。)と曜日を答える英語が読まれます。It'sのあとの曜日を表す言葉に注意して聞き取りましょう。

❷ 自分の名前を言ったあと、I'm in 〜.(わたしは〜にいます。)という英語が読まれます。inのあとの言葉に注意して聞き取りましょう。

❸ 曜日をたずねる表現と、それに答える表現を練習しましょう。

❹ 3つとも「わたしは〜にいます。」という英語です。日本語に合う国名をふくむ英語の文を選んで書きましょう。

38ページ

ぴったり3 たしかめのテスト

Unit 3－②
月曜日が好きです

ごうかく80点　答え 6ページ

❶ 音声を聞き、みさきが好きなものを下の㋐～㋒から２つ選び、（　）に記号を書きましょう。　トラック55

技能　1つ10点(20点)

㋐ 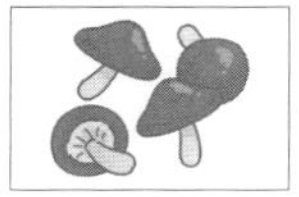 ㋑ 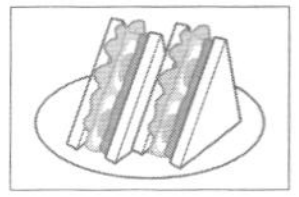 ㋒ 

（ ㋐ ）（ ㋑ ）

❷ たけるがスピーチをしています。音声を聞き、たけるがそれぞれの曜日にすることを、線で結びましょう。　トラック56

技能　1つ10点(30点)

月曜日　水曜日　金曜日

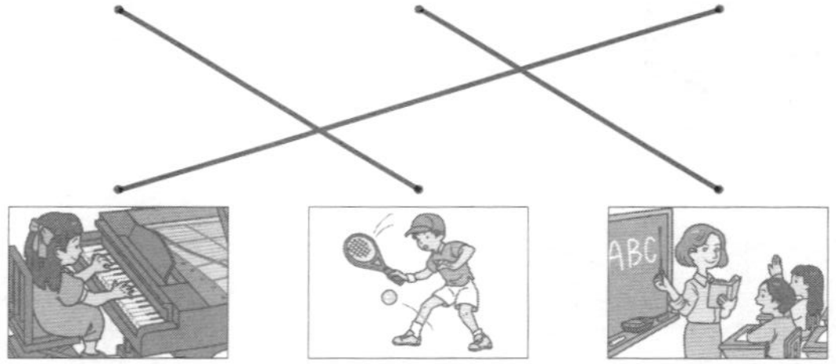

38　ふりかえり　❷が分からないときは、36ページにもどって確認しよう。

39ページ

❸ 日本文の意味を表す英語の文になるように、▭の中から文全体をなぞりましょう。

1問10点(20点)

(1) あなたはスイカが好きですか。

Do you like watermelons?

(2) ((1)に答えて)いいえ、好きではありません。

No, I don't.

watermelons　don't

❹ エミリーがまさとに話しかけています。それぞれの日本文に合う英語の文を、▭の中から選んで▭に書きましょう。

思考・判断・表現　1問10点(30点)

Emily

(1) あなたは日曜日が好きですか。

Do you like Sundays?

Masato

(2) はい、好きです。

Yes, I do.

(3) わたしは日曜日にサッカーをします。

I play soccer on Sundays.

Yes, I do.　Do you like Sundays?　I play soccer on Sundays.

この本の終わりにある「夏のチャレンジテスト」をやってみよう！

39

❶ Do you like ～?(あなたは～が好きですか。)とたずねる英語のあとに、YesやNoで答える英語が読まれます。Noで答えたあとのBut I like ～.に注意して聞き取りましょう。

❷「わたしは～曜日に…します。」という英語が読まれます。Iのあとの動作を表す言葉と、「～曜日に」のon ～に注意して聞き取りましょう。

❸「あなたは～が好きですか。」という表現と、それに「いいえ、好きではありません。」と答える表現を練習しましょう。

❹ Do you like ～?とたずねる文にYesで答えるときは、好きな理由などをつけ加えるとよいでしょう。

読まれる英語

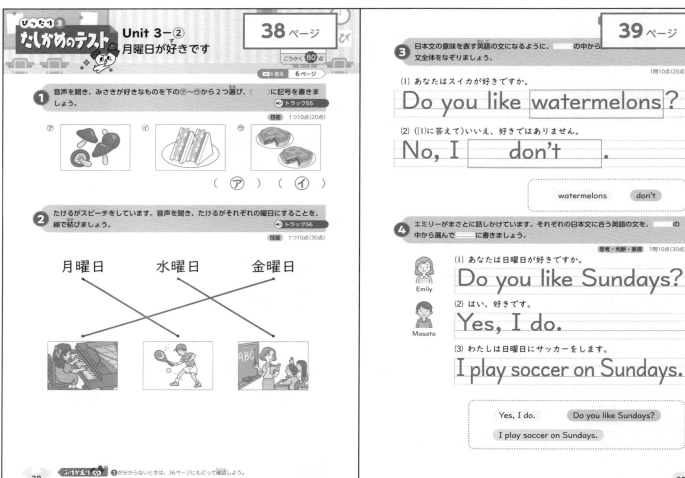

❶ A: Do you like mushrooms, Misaki?

B: Yes, I do.

A: Do you like pies?

B: No, I don't. But I like sandwiches.

❷ Hi. I'm Takeru. I play tennis on Mondays. I study English on Wednesdays. I play the piano on Fridays.

おうちのかたへ

このユニットでは、「～曜日に…します。」という表現を練習しました。動作を表す表現を多くあつかいましたが、どれも身近なものばかりです。お子さまと気軽に使ってみてください。

ぴったり3 たしかめのテスト
Unit 4 何時ですか

46ページ

ごうかく80点　答え 7ページ

1 音声を聞き、内容に合う絵を下の㋐～㋒から選び、(　)に記号を書きましょう。　トラック71
技能 1問10点(20点)

(1) (㋐)　(2) (㋒)

2 音声を聞き、それぞれの時刻にする日課を、線で結びましょう。　トラック72
技能 1問10点(30点)

(1) 午前６時　(2) 午後３時　(3) 午後８時

ふりかえり ❶が分からないときは、40ページにもどって確認しよう。

46

47ページ

3 日本文の意味を表す英語の文になるように、　の中から文全体をなぞりましょう。文の最初の文字は大文字で書きましょう。
1問10点(20点)

(1) 何時ですか。
What time is it?

(2) ((1)に答えて)午前11時です。
It's 11 a.m.

a.m.　what

4 クリスとみきが話しています。日本文に合う英語の文を、　の中から選んで　に書きましょう。
思考・判断・表現 1問10点(30点)

Chris
(1) わたしは昼食の時間が好きです。
I like "Lunch Time."

(2) あなたはどうですか。
How about you?

Miki
(3) わたしはおやつの時間が好きです。
I like "Snack Time."

I like "Snack Time."　I like "Lunch Time."　How about you?

47

1 What time is it?(何時ですか。)とたずねる英語と、It's ～.(～です。)と時刻を答える英語が読まれます。答えの文のIt'sのあとの時刻に注意して聞き取りましょう。

2 It's ～.(～です。)とIt's "～ Time."(～の時間です。)という英語が読まれます。２番目の文の"～ Time"の部分に注意して聞き取りましょう。

3 What time is it?(何時ですか。)にIt's ～.と答えるやり取りを練習しましょう。

4 I like "～ Time."(わたしは～の時間が好きです。)と自分の好きな時間を言ったあと、How about you?(あなたはどうですか。)と相手の好きな時間をたずねることができます。

読まれる英語

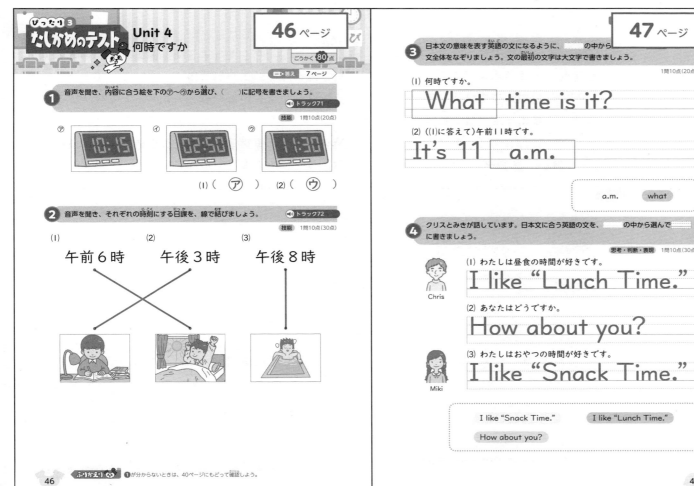

1 (1)A: What time is it?
B: It's ten fifteen.
(2)A: What time is it?
B: It's eleven thirty.

2 (1)It's 6 a.m.　It's "Wake-up Time."
(2)It's 3 p.m.　It's "Study Time."
(3)It's 8 p.m.　It's "Bath Time."

おうちのかたへ

このユニットでは、時刻をたずね、それに答える表現をあつかいました。さまざまな時間帯で、お子さまに時刻をたずねてみてください。また、好きな時間について伝え合ってみてください。

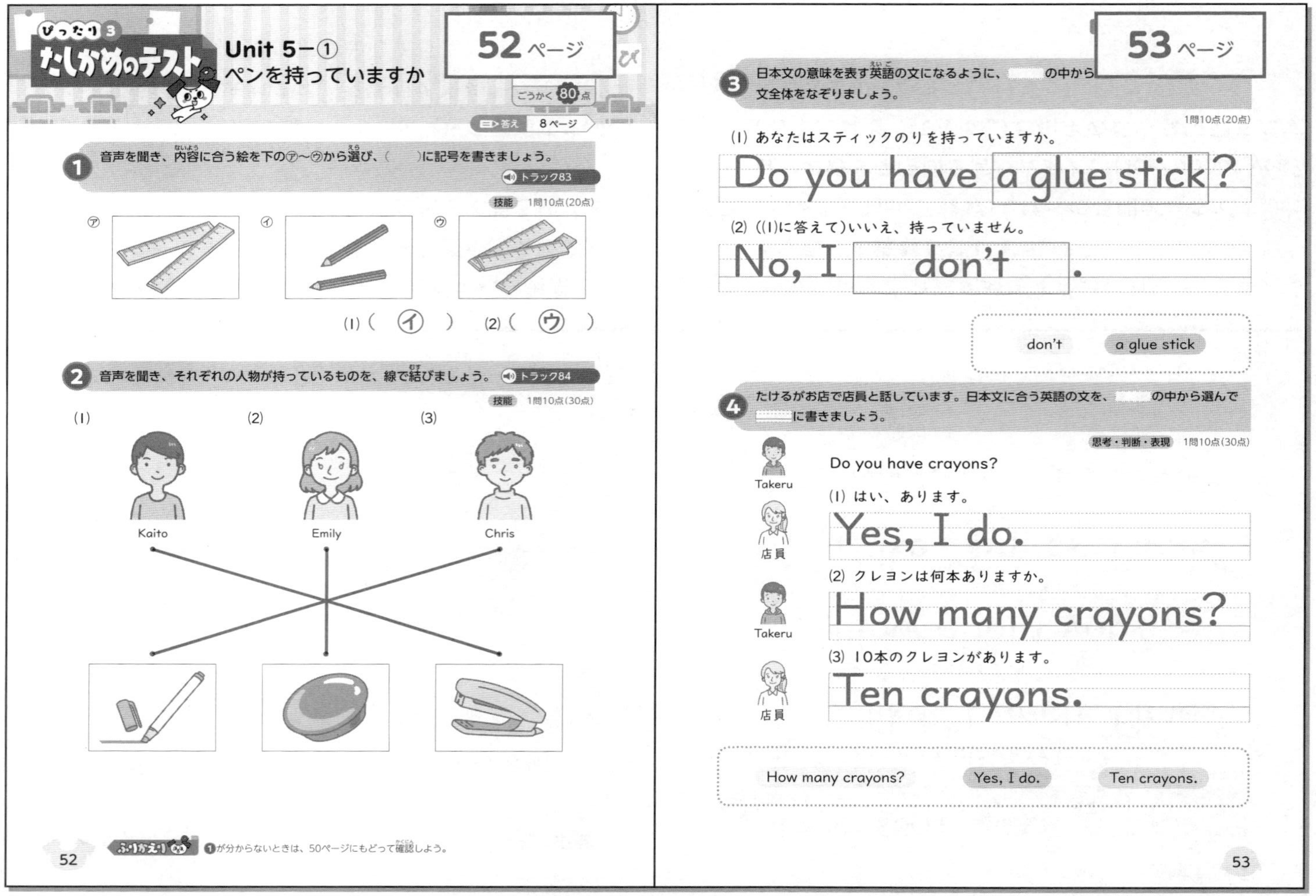

52ページ

ぴったり3 たしかめのテスト
Unit 5-①
ペンを持っていますか

ごうかく80点
答え 8ページ

❶ 音声を聞き、内容に合う絵を下の㋐～㋒から選び、（　）に記号を書きましょう。 トラック83
技能 1問10点(20点)

㋐ ㋑ ㋒

(1)（ ㋑ ） (2)（ ㋒ ）

❷ 音声を聞き、それぞれの人物が持っているものを、線で結びましょう。 トラック84
技能 1問10点(30点)

(1) Kaito (2) Emily (3) Chris

ふりかえり ❶が分からないときは、50ページにもどって確認しよう。

52

53ページ

❸ 日本文の意味を表す英語の文になるように、　の中から文全体をなぞりましょう。
1問10点(20点)

(1) あなたはスティックのりを持っていますか。

Do you have a glue stick?

(2) ((1)に答えて)いいえ、持っていません。

No, I don't.

don't　a glue stick

❹ たけるがお店で店員と話しています。日本文に合う英語の文を、　の中から選んで　に書きましょう。
思考・判断・表現 1問10点(30点)

Takeru: Do you have crayons?

(1) はい、あります。

店員: Yes, I do.

(2) クレヨンは何本ありますか。

Takeru: How many crayons?

(3) 10本のクレヨンがあります。

店員: Ten crayons.

How many crayons?　Yes, I do.　Ten crayons.

53

読まれる英語

❶ (1) A: How many pencils?
B: Two pencils.
(2) A: How many rulers?
B: Three rulers.

❷ (1) A: Do you have a stapler, Kaito?
B: Yes, I do.
(2) A: Do you have a magnet, Emily?
B: Yes, I do.
(3) A: Do you have a marker, Chris?
B: Yes, I do.

おうちのかたへ

このユニットでは、文房具を表す言葉を多くあつかいました。家にある文房具を使って、お子さまと一緒に、Do you have a ～?とたずねたり答えたりする練習をしてみてください。

❶ How many ～?(～はいくつありますか。)とたずねる英語と、数を答える英語が読まれます。ものと数を表す言葉に注意して聞き取りましょう。

❷ Do you have a ～?(～を持っていますか。)とたずねる英語が読まれます。何を持っているかとたずねているか注意して聞き取りましょう。

❸ Do you have a ～?にNoで答える表現を練習しましょう。

❹ お店での、客の男の子と店員の会話の場面です。数をたずねるときはHow many ～?(～はいくつありますか。)と言います。答えるときは、数を表す言葉を使って答えましょう。

ぴったり3 たしかめのテスト

Unit 5−② ペンを持っていますか

58ページ

ごうかく80点　答え 9ページ

1 音声を聞き、内容に合う絵を下の㋐〜㋒から選び、（　）に記号を書きましょう。 トラック95

技能 1問10点(20点)

(1)（ ㋐ ）　(2)（ ㋑ ）

2 音声を聞き、それぞれの人物が持っているものを、線で結びましょう。 トラック96

技能 1問10点(30点)

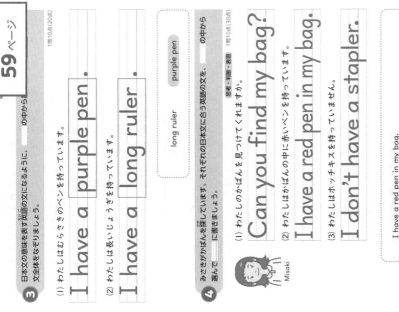

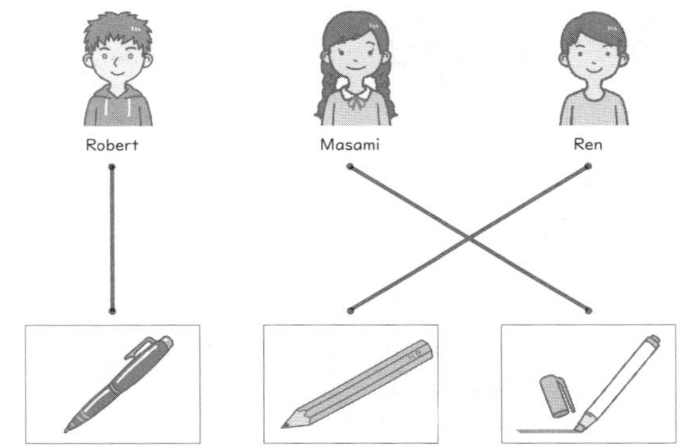

ふりかえり ❶が分からないときは、54ページにもどって確認しよう。

58

59ページ

3 日本文の意味を表す英語の文になるように、[　]の中から語句を選んで[　]に書き、文全体をなぞりましょう。

1問10点(20点)

(1) わたしはむらさきのペンを持っています。

I have a [purple pen].

(2) わたしは長いじょうぎを持っています。

I have a [long ruler].

long ruler　purple pen

4 みさきがかばんを探しています。それぞれの日本文に合う英語の文を、[　]の中から選んで[　]に書きましょう。

思考・判断・表現 1問10点(30点)

Misaki

(1) わたしのかばんを見つけてくれますか。

Can you find my bag?

(2) わたしはかばんの中に赤いペンを持っています。

I have a red pen in my bag.

(3) わたしはホッチキスを持っていません。

I don't have a stapler.

I have a red pen in my bag.　I don't have a stapler.　Can you find my bag?

59

読まれる英語

1 (1)Can you find my pencil case?

(2)Can you find my scissors?

2 (1)I'm Robert. I have a blue pen in my bag.

(2)I'm Masami. I have a pink marker in my bag.

(3)I'm Ren. I have a long pencil in my bag.

おうちのかたへ

このユニットでは、Can you find my 〜?と相手にたのみごとをする表現をあつかいました。筆箱やかばんを使って、Can you find my 〜?とお子さまにたずねて練習してみてください。

1 Can you find my 〜?(わたしの〜を見つけてくれますか。)とたのむ英語が読まれます。myのあとの、ものを表す言葉に注意して聞き取りましょう。

2 I haveのあとの〈色や様子を表す言葉＋ものを表す言葉〉によく注意して聞き取りましょう。

3 I have a 〜.は「わたしは〜を1つ持っています。」という意味です。日本語に合う〈色や様子を表す言葉〉と〈ものを表す言葉〉を選びましょう。

4 「わたしの〜を見つけてくれますか。」はCan you find my 〜?と言います。「わたしは〜を持っています。」はI have 〜.、「わたしは〜を持っていません。」はI don't have 〜.と言います。

ぴったり3 たしかめのテスト

Unit 6 アルファベット

64ページ

こうかく80点　答え 10ページ

1 音声を聞き、内容に合う絵を下の㋐～㋒から選び、（　）に記号を書きましょう。　トラック107

技能　1問10点(20点)

㋐ 

㋑ 

㋒ 

(1)（ ㋑ ）　(2)（ ㋒ ）

2 音声を聞き、それぞれの絵を表す言葉になるように、□にアルファベットの小文字を1文字ずつ書き、言葉をなぞって完成させましょう。　トラック108

技能　1問10点(30点)

(1) 
女王

q ueen

(2) 
バナナ

ba n a n a

(3) 
かさ

u mb r ella

64　ふりかえり　1が分からないときは、60ページにもどって確認しよう。

65ページ

3 日本文の意味を表す英語の文になるように、□の中から文全体をなぞりましょう。文の最初の文字は大文字で書きましょう。

1問10点(20点)

(1) あの看板は何ですか。

What's that sign?

(2) あれは本屋です。

That's the bookstore.

what's　that's

4 ロバートがみかにクイズを出しています。日本文に合う英語の文を、□の中から選んで□に書きましょう。

思考・判断・表現　1問10点(30点)

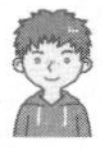
Robert

(1) わたしにはcとtがあります。

I have a "c" and a "t."

(2) わたしはだれでしょう。

Who am I?

Mika

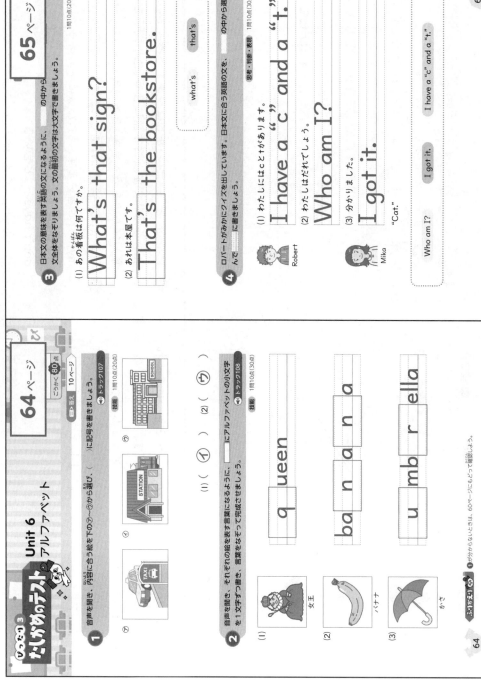

(3) 分かりました。

I got it.

"Cat."

Who am I?　I got it.　I have a "c" and a "t."

65

この本の終わりにある「冬のチャレンジテスト」をやってみよう！

読まれる英語

1 (1)A: What's that sign?　S-T-A-T-I-O-N.
B: That's the station.
(2)A: What's that sign?　S-C-H-O-O-L.
B: That's the school.

2 (1)Queen.　Q-U-E-E-N, queen.
(2)Banana.　B-A-N-A-N-A, banana.
(3)Umbrella.　U-M-B-R-E-L-L-A, umbrella.

おうちのかたへ

このユニットでは、アルファベットの小文字をあつかいました。小文字には、形が似ているものがあります。お子さまがそれぞれのアルファベットを正しく書けるよう、よく見てあげてください。

1 What's that sign?(あの看板は何ですか。)のあとに、アルファベットが1文字ずつ読まれます。そのあとでThat's ～.(あれは～です。)と答える英語が読まれます。アルファベットのつづりとThat'sのあとの言葉をよく聞き取りましょう。

2 英語の言葉とアルファベットのつづりが読まれます。よく聞いて、空らんに入る小文字を正しく書きましょう。

3 What's that sign?(あの看板は何ですか。)とたずねる表現と、それにThat's ～.(あれは～です。)と答える表現を練習しましょう。

4 I have ～.は「わたしには～があります。」という意味です。Whoは「だれ」とたずねるときに使います。クイズなどで答えが分かったときは、I got it.(分かりました。)と言います。それぞれ日本文に合った英語の文を選びましょう。

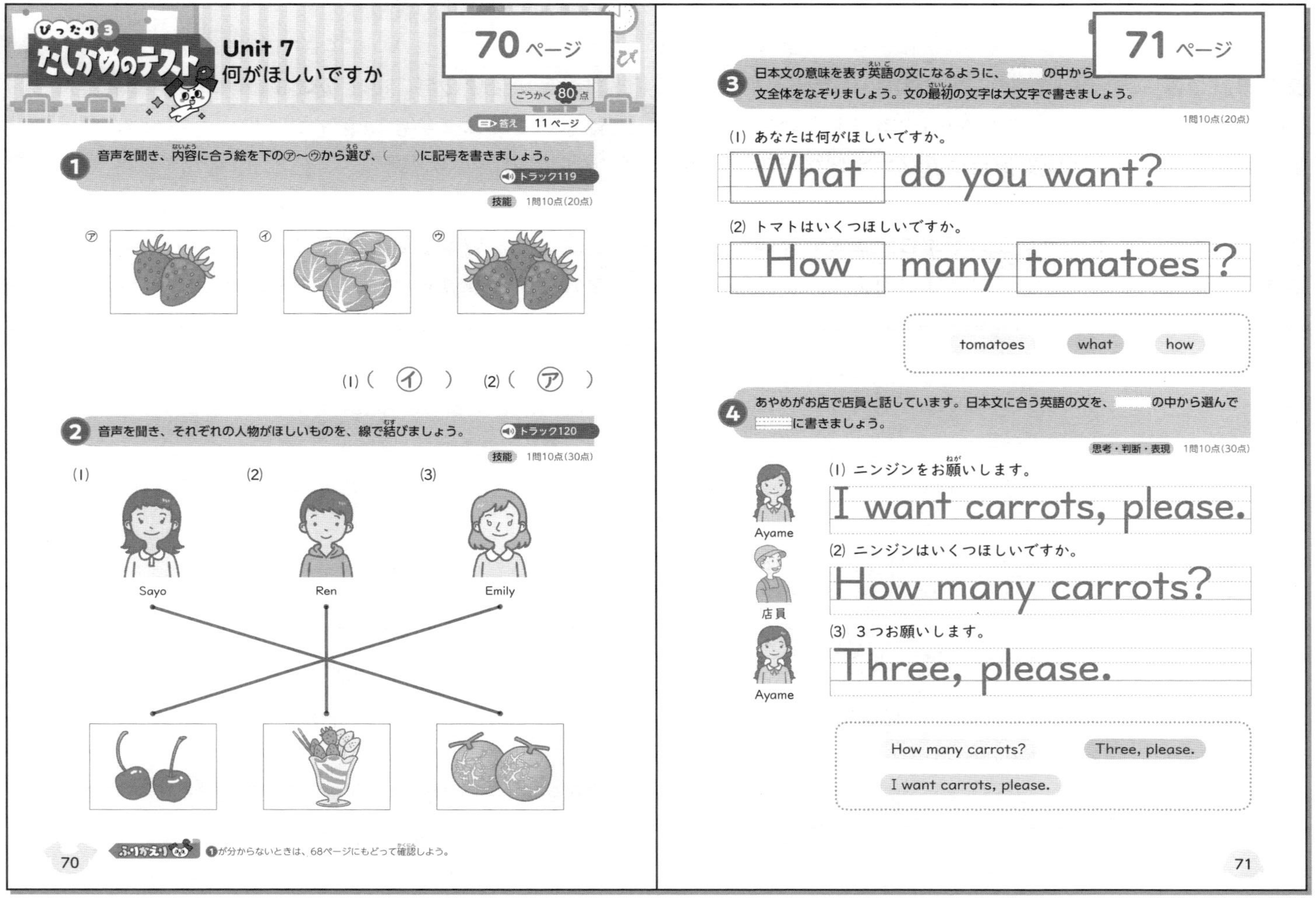

ぴったり3 たしかめのテスト

Unit 7 何がほしいですか

70ページ

ごうかく80点

答え 11ページ

1 音声を聞き、内容に合う絵を下の㋐～㋒から選び、（　）に記号を書きましょう。 トラック119

技能 1問10点(20点)

㋐ ㋑ ㋒

(1)（ ㋑ ） (2)（ ㋐ ）

2 音声を聞き、それぞれの人物がほしいものを、線で結びましょう。 トラック120

技能 1問10点(30点)

(1) (2) (3)

Sayo Ren Emily

70 ふりかえり 1が分からないときは、68ページにもどって確認しよう。

71ページ

3 日本文の意味を表す英語の文になるように、　の中から語を選び、文全体をなぞりましょう。文の最初の文字は大文字で書きましょう。

1問10点(20点)

(1) あなたは何がほしいですか。

What do you want?

(2) トマトはいくつほしいですか。

How many tomatoes?

tomatoes what how

4 あやめがお店で店員と話しています。日本文に合う英語の文を、　の中から選んで　に書きましょう。

思考・判断・表現 1問10点(30点)

Ayame

(1) ニンジンをお願いします。

I want carrots, please.

店員

(2) ニンジンはいくつほしいですか。

How many carrots?

Ayame

(3) 3つお願いします。

Three, please.

How many carrots? Three, please.

I want carrots, please.

71

読まれる英語

1 (1)A: How many cabbages?

B: Three, please.

(2)A: How many strawberries?

B: Two, please.

2 (1)A: What do you want, Sayo?

B: I want melons, please.

(2)A: What do you want, Ren?

B: I want parfait, please.

(3)A: What do you want, Emily?

B: I want cherries, please.

おうちのかたへ

このユニットでは、ほしいものとその数のたずね方と、答え方をあつかいました。お子さまに、What do you want?やHow many ～?とたずねて、答える練習をさせてみてください。

1 How many ～?(～はいくつほしいですか。)とたずねる英語と、数を答える英語が読まれます。How manyのあとの言葉と、数を表す言葉に注意して聞き取りましょう。

2 What do you want?(あなたは何がほしいですか。)に対する答えの、I wantのあとの言葉に注意して聞き取りましょう。

3 相手にほしいものをたずねるWhat do you want?と、数をたずねるHow many ～?の表現を練習しましょう。

4 お店で「～をお願いします。」と言うときは、I want ～, please.と言います。How many ～?(～はいくつほしいですか。)には、数を表す言葉で答えます。

ぴったり3 たしかめのテスト
Unit 8－① ここはわたしのお気に入りの場所です

78ページ

ごうかく80点　答え 12ページ

1 音声を聞き、内容に合う絵を下の㋐～㋒から選び、（　）に記号を書きましょう。 トラック135

技能 1問10点(20点)

㋐ 
㋑ 
㋒ 

(1)（ ㋒ ）　(2)（ ㋐ ）

2 音声を聞き、それぞれの人物のお気に入りの場所を、線で結びましょう。 トラック136

技能 1問10点(30点)

(1)　(2)　(3)

ふりかえり ❶が分からないときは、72ページにもどって確認しよう。

79ページ

3 日本文の意味を表す英語の文になるように、　の中から文全体をなぞりましょう。

1問10点(20点)

(1) ここはトイレです。

This is the restroom.

(2) ここは職員室です。

This is the teachers' office.

teachers' office　restroom

4 まさしとエミリーが話しています。日本文に合う英語の文を、　の中から選んで　に書きましょう。

思考・判断・表現 1問10点(30点)

(1) ここはわたしのお気に入りの場所です。

This is my favorite place.

(2) なぜですか。

Why?

(3) 理科が好きだからです。

I like science.

Why?　I like science.　This is my favorite place.

読まれる英語

❶ (1) This is the playground.
(2) This is the computer room.

❷ (1) I'm Robert. This is my classroom. This is my favorite place.
(2) I'm Akari. This is the cooking room. This is my favorite place.
(3) I'm Riku. This is the arts and crafts room. This is my favorite place.

おうちのかたへ

このユニットでは、学校のお気に入りの場所を紹介する表現をあつかいました。また、学校にある場所を表す英語も多く出てきました。お子さまに、学校でのお気に入りの場所やその理由をたずねてみてください。

❶ This is ～.(ここは～です。)という英語が読まれます。This isのあとの、学校にある場所を表す言葉に注意して聞き取りましょう。

❷ This is ～.のあとに、This is my favorite place.(ここはわたしのお気に入りの場所です。)という英語が読まれます。はじめのThis isのあとの言葉に注意して聞き取りましょう。

❸ This is theのあとに、学校にある場所を表す言葉が入ります。日本文に合う英語を選んで書きましょう。

❹ 相手のお気に入りの場所を聞いて、その理由が知りたいときには、Why?(なぜですか。)とたずねます。Why?とたずねられたら、I like ～.でその理由を答えましょう。

80 ページ

ぴったり3 たしかめのテスト

Unit 8−② ここはわたしのお気に入りの場所です

ごうかく80点　答え 13ページ

1 音声を聞き、内容に合う絵を下の㋐〜㋒から選び、（　）に記号を書きましょう。　トラック137

技能　1問10点(20点)

(1)（ ㋑ ）　(2)（ ㋐ ）

2 音声を聞き、それぞれの人物がいる場所を、線で結びましょう。　トラック138

技能　1問10点(30点)

(1)　(2)　(3)

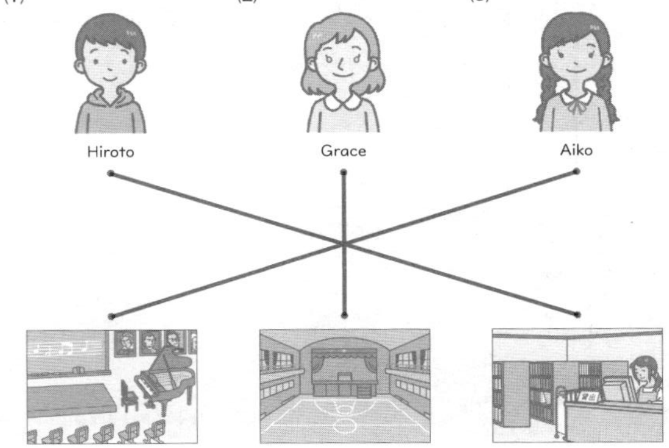

ふりかえり　1が分からないときは、76ページにもどって確認しよう。

80

81 ページ

3 日本文の意味を表す英語の文になるように、　　の中から選び、文全体をなぞりましょう。文の最初の文字は大文字で書きましょう。

1問10点(20点)

(1) 止まってください。

Stop.

(2) その教室を左に曲がってください。

Turn left at the classroom.

classroom　stop　left

4 たろうがブラウン先生に学校を案内しています。日本文に合う英語の文を、　　の中から選んで　　に書きましょう。

思考・判断・表現　1問10点(30点)

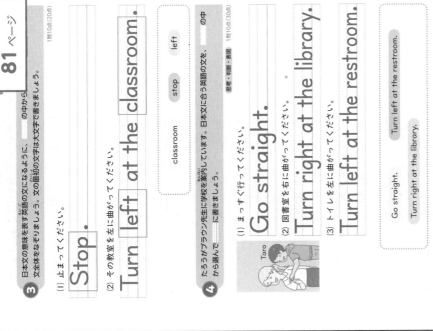

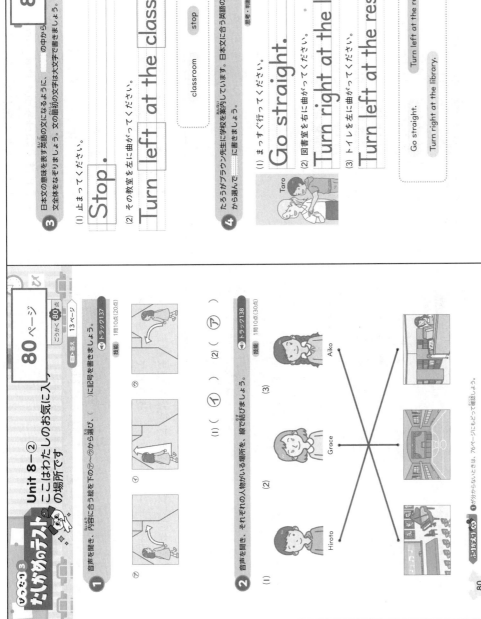

(1) まっすぐ行ってください。

Go straight.

(2) 図書室を右に曲がってください。

Turn right at the library.

(3) トイレを左に曲がってください。

Turn left at the restroom.

Go straight.　Turn left at the restroom.　Turn right at the library.

81

1 道案内の英語が読まれます。(2)はTurn 〜.(〜に曲がってください。)のあとの言葉に注意して聞き取りましょう。

2 This is 〜.(ここは〜です。)のあとの場所を表す言葉に注意して聞き取りましょう。また、I likeのあとの言葉からも、どんな場所か分かるので、最後まで注意して聞きましょう。

3 Stop.は「止まってください。」という意味です。Turn left at 〜.は「〜を左に曲がってください。」という意味です。atのあとは場所を表す言葉が入ります。

4 道案内の表現を練習しましょう。Go straight.は「まっすぐ行ってください。」という意味です。また、right(右に)とleft(左に)をまちがえないように注意しましょう。

読まれる英語

1 (1)Go straight.
(2)Turn right.

2 (1)I'm Hiroto. This is the library. I like books.
(2)I'm Grace. This is the gym. I like basketball.
(3)I'm Aiko. This is the music room. I like music.

おうちのかたへ

このユニットでは、道案内の表現をあつかいました。学校だけでなく、家の近くのお店や公園などで、お子さまといっしょに道案内の練習をしてみてください。

86ページ

ぴったり3 たしかめのテスト

Unit 9 これがわたしの1日です

ごうかく80点 答え 14ページ

1 音声を聞き、内容に合う絵を下の㋐～㋒から選び、（　）に記号を書きましょう。 トラック147

技能 1問10点(20点)

(1)（ ㋑ ）　(2)（ ㋐ ）

2 音声を聞き、それぞれの人物がすることを、線で結びましょう。 トラック148

技能 1問10点(30点)

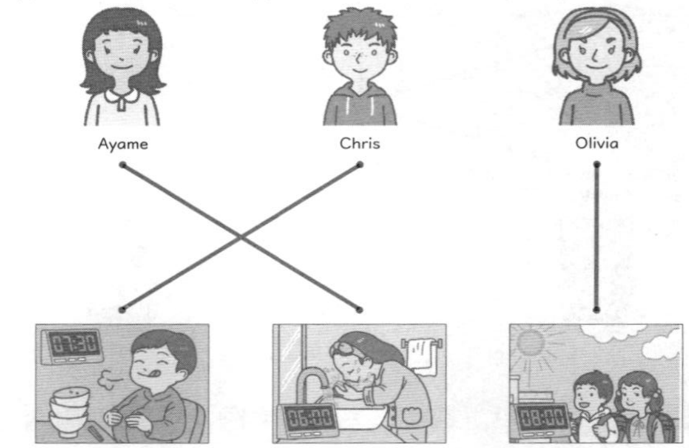

ふりかえり 2が分からないときは、82ページと84ページにもどって確認しよう。

86

87ページ

3 日本文の意味を表す英語の文になるように、　の中から選び、文全体をなぞりましょう。

1問10点(20点)

(1) わたしは6時30分に目が覚めます。

I wake up at 6:30.

(2) わたしは3時30分に家に帰ります。

I go home at 3:30.

go home　wake up

4 ロバート、さよ、れんが、朝の日課について話しています。日本文に合う英語の文を、　の中から選んで　に書きましょう。

思考・判断・表現 1問10点(30点)

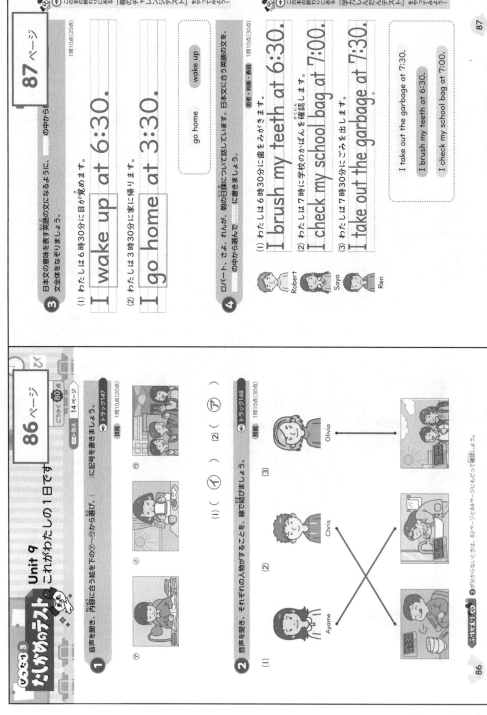

(1) わたしは6時30分に歯をみがきます。

I brush my teeth at 6:30.

(2) わたしは7時に学校のかばんを確認します。

I check my school bag at 7:00.

(3) わたしは7時30分にごみを出します。

I take out the garbage at 7:30.

I take out the garbage at 7:30.　I brush my teeth at 6:30.　I check my school bag at 7:00.

この本の終わりにある「春のチャレンジテスト」をやってみよう！

この本の終わりにある「学力しんだんテスト」をやってみよう！

87

読まれる英語

1 (1)I have breakfast.

(2)I do my homework.

2 (1)I'm Ayame. I wash my face at 6:00.

(2)I'm Chris. I finish my dinner at 7:30.

(3)I'm Olivia. I go to school at 8:00 a.m.

おうちのかたへ

このユニットでは、動作を表す言葉をたくさんあつかいました。１日の生活の中で、ふだん何時に何をするのか、お子さまといっしょに言い合って練習してみてください。

1 ふだんの生活での動作を表す英語が読まれます。どの絵の動作を言っているのか、注意してよく聞き取りましょう。

2 ふだんの生活での動作を表す英語のあとに、時刻を表す英語が読まれます。Iのあとの動作と時刻に注意して聞き取りましょう。

3 日本文に合う動作を表す英語を選びましょう。「目が覚める」はwake up、「家に帰る」はgo homeと言います。

4 日本文をよく読んで、内容に合う英語を選んで書きましょう。「歯をみがく」はbrush my teeth、「学校のかばんを確認する」はcheck my school bag、「ごみを出す」はtake out the garbageと言います。時刻を表す言葉も忘れずに書きましょう。

メモ

夏のチャレンジテスト

月　日
名前

時間 40分　知識・技能 /50　思考・判断・表現 /50　/100　合格80点

答え 16〜17ページ

知識・技能

1 音声を聞き、内容に合う絵を下の㋐〜㋒から選び、(　)に記号を書きましょう。

トラック149　1問5点(10点)

(1)(㋑)　(2)(㋐)

2 音声を聞き、それぞれの人物の好きなものを、線で結びましょう。

トラック150　1問5点(15点)

(1)　(2)　(3)

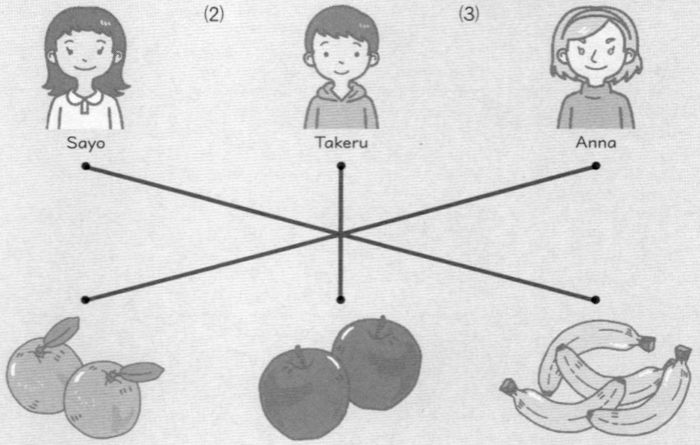

知識・技能

3 音声を聞き、指示の内容に合う絵を下の㋐〜㋒から選び、(　)に記号を書きましょう。

トラック151　1問5点(10点)

(1)(㋒)　(2)(㋐)

4 エミリーとれんが話しています。(1)〜(3)の質問の答えを下の㋐〜㋒から選び、(　)に記号を書きましょう。

トラック152　1問5点(15点)

(1) どんな天気ですか。

(2) 何曜日ですか。

(3) エミリーはれんに何をしようと言っていますか。

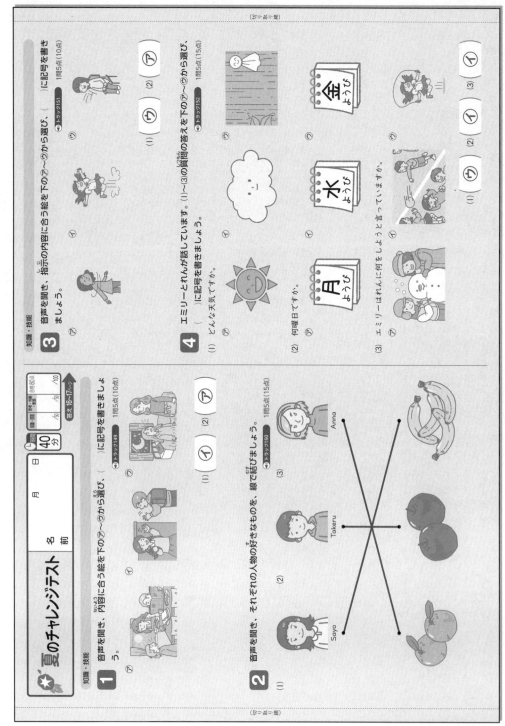

(1)(㋒)　(2)(㋑)　(3)(㋑)

1 絵をよく見て、それぞれの英語の表現がどの場面に合うか、注意して聞き取りましょう。

2 Do you like ～?(あなたは～が好きですか。)とたずねる英語のあとに、Yes(はい)またはNo(いいえ)と答える英語が読まれます。Noで答えたあとのI like ～.に注意して聞き取りましょう。

3 (1)のSit down.は「座ってください。」、(2)のTurn around.は「後ろを向いてください。」という意味です。

4 れんの答えに注意して聞き取りましょう。(1)では、エミリーが天気についてたずねています。It's rainy.は「雨降りです。」という意味です。(2)では、エミリーが何曜日かたずねています。It's Wednesday.は「水曜日です。」という意味です。(3)では、エミリーが「ドッジボールをしましょう。」とれんをさそっています。Yes, let's.は「はい、そうしましょう。」という意味です。

読まれる英語

1 (1) Goodbye.
(2) Good morning.

2 (1) A: Do you like bananas, Sayo?
B: Yes, I do.
(2) A: Do you like oranges, Takeru?
B: No, I don't. I like apples.
(3) A: Do you like oranges, Anna?
B: Yes, I do.

3 (1) Sit down.
(2) Turn around.

4 (1) A: How's the weather, Ren?
B: It's rainy.
(2) A: What day is it, Ren?
B: It's Wednesday.
(3) A: Let's play dodgeball, Ren.
B: Yes, let's.

思考・判断・表現

5 絵の内容に合う英語の言葉を、[ ]の中から選んで[ ]に書きましょう。 1問2点(6点)

(1)

cap

(2)

hand

(3)

sweater

cap　sweater　hand

6 日本文の意味を表す英語の文になるように、[ ]の中から語を選んで[ ]に書き、文全体をなぞりましょう。文の最初の文字は大文字で書きましょう。 1問4点(16点)

(1) 鼻をさわってください。

Touch your nose.

(2) ブーツをはいてください。

Put on your boots.

put　nose　boots　touch

思考・判断・表現

7 絵の内容に合う英語の文になるように、[ ]の中から語を選んで[ ]に書き、文全体をなぞりましょう。 1問4点(16点)

(1)

I play the piano on Sundays.

(2)

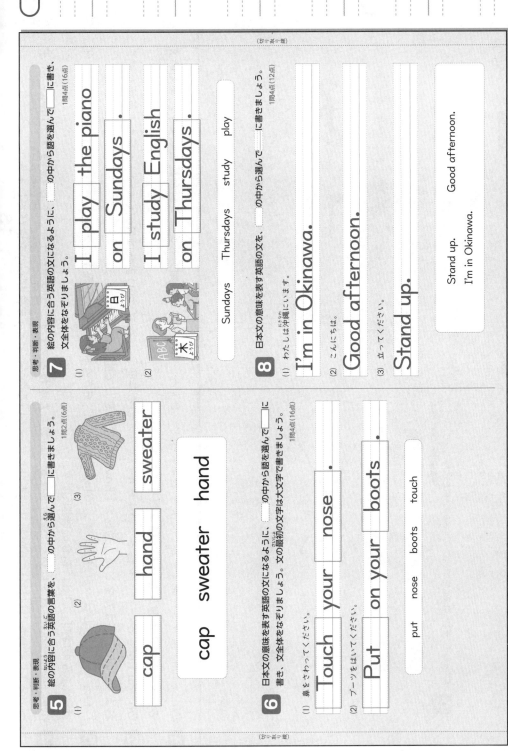

I study English on Thursdays.

Sundays　Thursdays　study　play

8 日本文の意味を表す英語の文を、[ ]の中から選んで[ ]に書きましょう。 1問4点(12点)

(1) わたしは沖縄にいます。

I'm in Okinawa.

(2) こんにちは。

Good afternoon.

(3) 立ってください。

Stand up.

Stand up.　Good afternoon.
I'm in Okinawa.

まちがえた言葉を書きましょう

5 絵の内容はそれぞれ、(1)ぼうし、(2)手、(3)セーターです。

6 (1)と(2)はどちらも相手に指示したり、たのんだりする文です。(1)の「鼻をさわってください。」はTouch your nose.と言います。「鼻」を表す英語はnoseです。(2)の「ブーツをはいてください。」はPut on your boots.と言います。

7 (1)は「わたしは日曜日にピアノをひきます。」という文に、(2)は「わたしは木曜日に英語を勉強します。」という文にしましょう。

8 (1)の「わたしは～にいます。」はI'm in ～.と言います。(3)の「立ってください。」はStand up.と言います。相手に指示をしたりたのんだりする文です。

冬のチャレンジテスト

月　日　名前

時間 40分　知識・技能 /50　思考・判断・表現 /50　合格80点 /100

答え 18〜19ページ

知識・技能

1 音声を聞き、内容に合う絵を下の㋐〜㋒から選び、(　)に記号を書きましょう。 トラック153　1問5点(10点)

㋐　㋑　㋒

(1)(㋐)　(2)(㋒)

2 音声を聞き、それぞれの人物が持っているものを、線で結びましょう。 トラック154　1問5点(15点)

(1)　(2)　(3)

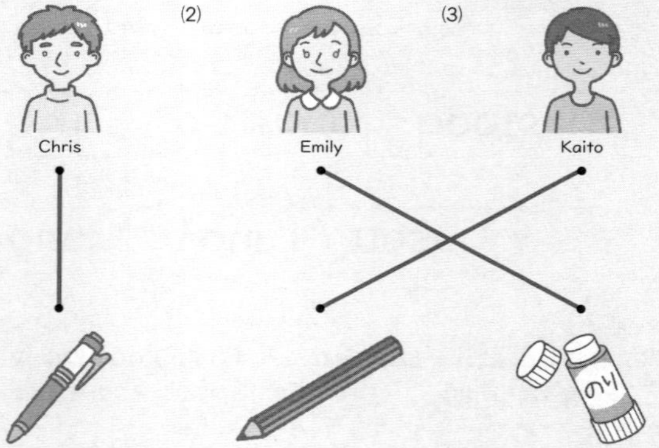

知識・技能

3 みきとロバートが話しています。それぞれの人物の好きな時間を下の㋐〜㋒から選び、(　)に記号を書きましょう。 トラック155　1つ5点(10点)

㋐　㋑　㋒

みき(㋒)　ロバート(㋑)

4 音声を聞き、質問の答えを下の㋐〜㋒から選び、(　)に記号を書きましょう。 トラック156　1問5点(15点)

(1) ㋐　㋑　㋒

(2) ㋐　㋑　㋒

(3) ㋐　㋑　㋒

(1)(㋐)　(2)(㋒)　(3)(㋑)

（切り取り線）

読まれる英語

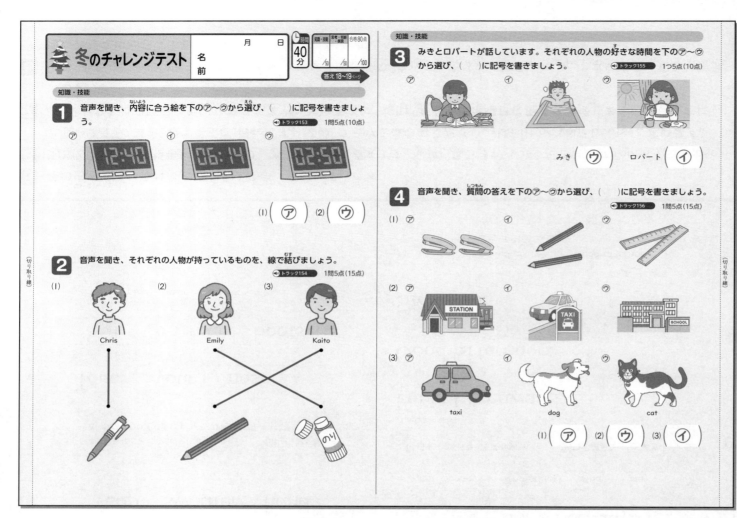

1 (1)A: What time is it?
B: It's twelve forty.
(2)A: What time is it?
B: It's two fifty.

2 (1)A: Do you have a pen, Chris?
B: Yes, I do.
(2)A: Do you have a glue stick, Emily?
B: Yes, I do.
(3)A: Do you have a pen, Kaito?
B: No, I don't. I have a pencil.

3 A: I like "Breakfast Time." How about you, Robert?
B: I like "Bath Time."

4 (1)A: How many staplers?
B: Two staplers.
(2)A: What's that sign? S-C-H-O-O-L.
B: That's the school.
(3)A: I have a "d" and a "g." Who am I?
B: I got it. "Dog."

1 What time is it?(何時ですか。)とたずねる英語と、It's 〜.(〜です。)と時刻を答える英語が読まれます。答えの文のIt'sのあとの言葉に注意して聞き取りましょう。

2 Do you have a 〜?(〜を持っていますか。)とたずねる英語と、Yes(はい)またはNo(いいえ)と答える英語が読まれます。Noと答えたあとは、最後のI have 〜.に注意して聞き取りましょう。

3 I like 〜.(わたしは〜が好きです。)のlikeのあとに、好きな時間を表す言葉が読まれます。㋐は「勉強の時間」、㋑は「おふろの時間」、㋒は「朝食の時間」です。

4 (1)のHow many 〜?(〜はいくつありますか。)は数をたずねる文です。(3)は単語ゲームをしています。I have a "d" and a "g."(わたしにはdとgがあります。)と言っているので、dとgを含むものを選びましょう。

思考・判断・表現

5 絵の内容に合う英語の言葉を、[ ]の中から選んで[ ]に書きましょう。 1問3点(9点)

(1)

bookstore

(2)

station

(3)

police box

station　bookstore　police box

6 日本文の意味を表す英語の文になるように、[ ]の中から語を選んで[ ]に書き、文全体をなぞりましょう。 1問4点(16点)

(1) わたしはえんぴつを持っていません。

I don't have a pencil .

(2) わたしの教科書を見つけてくれますか。

Can you find my textbook ?

pencil　textbook　find　don't

思考・判断・表現

7 絵の内容についての質問に対する答えの文を、[ ]の中から選んで[ ]に書きましょう。 1問5点(10点)

(1)

What time is it?

It's 8 a.m.

(2)

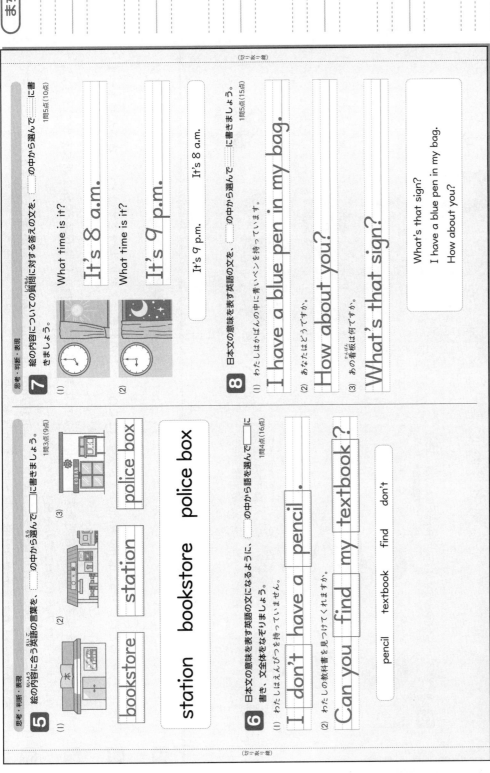

What time is it?

It's 9 p.m.

It's 9 p.m.　It's 8 a.m.

8 日本文の意味を表す英語の文を、[ ]の中から選んで[ ]に書きましょう。 1問5点(15点)

(1) わたしはかばんの中に青いペンを持っています。

I have a blue pen in my bag.

(2) あなたはどうですか。

How about you?

(3) あの看板は何ですか。

What's that sign?

What's that sign?
I have a blue pen in my bag.
How about you?

まちがえた言葉を書きましょう

5 絵の内容はそれぞれ、(1)本屋、(2)駅、(3)交番です。

6 (1)の「わたしは～を持っていません。」は、I don't have ～.と言います。「えんぴつ」は英語でpencilです。(2)の「わたしの～を見つけてくれますか。」は、Can you find my ～?と言います。「教科書」は英語でtextbookです。

7 絵の内容はそれぞれ、(1)午前８時、(2)午後９時です。What time is it?は「何時ですか。」と時刻をたずねる文です。a.m.は「午前」、p.m.は「午後」を表します。

8 (1)の「わたしはかばんの中に～を持っています。」は、I have ～ in my bag.と言います。(2)の「あなたはどうですか。」は、How about you?と言います。自分のことを話したあとで、相手のことをたずねるときに使います。

春のチャレンジテスト

月　日　名前

時間 40分　知識・技能 /50　思考・判断・表現 /50　合格80点 /100

答え20～21ページ

知識・技能

1 音声を聞き、内容に合う絵を下のㇰ～ㇷから選び、(　)に記号を書きましょう。　トラック157　1問4点(8点)

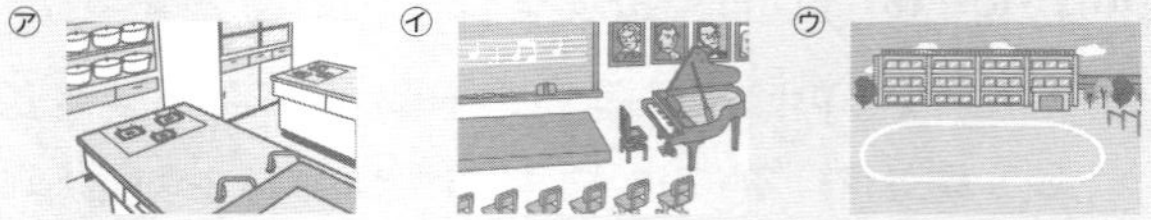

(1)(イ)　(2)(ウ)

2 音声を聞き、それぞれの人物のお気に入りの場所を、線で結びましょう。　トラック158　1問4点(12点)

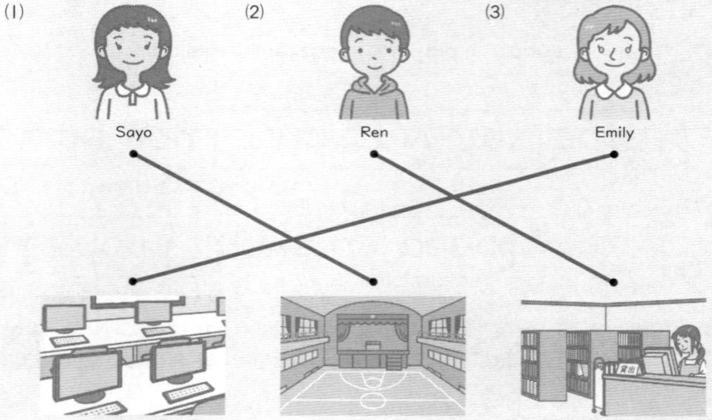

知識・技能

3 それぞれの人物がふだんすることを話しています。内容に合う絵を下のア～カから選び、(　)に記号を書きましょう。　トラック159　1つ5点(20点)

(1)

ふだんすること (ウ)　時刻 (オ)

(2)

ふだんすること (ア)　時刻 (カ)

4 音声を聞き、質問の答えを下のア～ウから選び、(　)に記号を書きましょう。　トラック160　1問5点(10点)

(1)

(2)

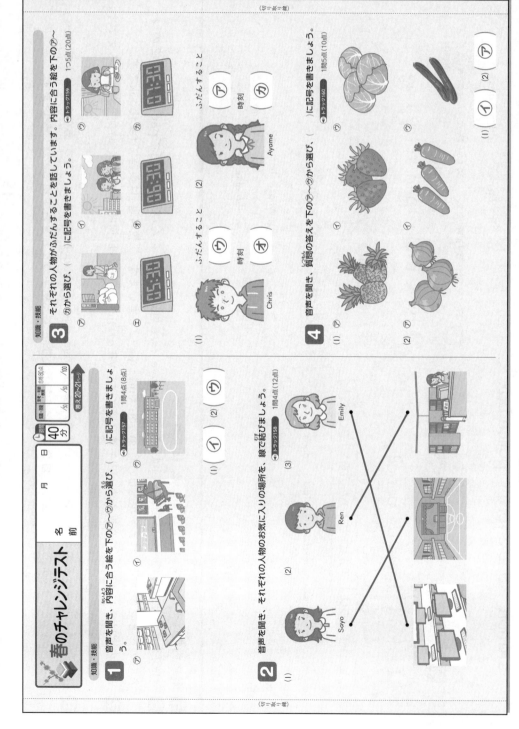

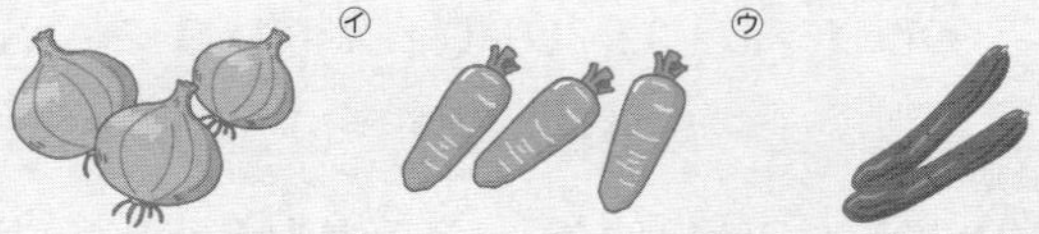

(1)(イ)　(2)(ア)

読まれる英語

1 (1)This is the music room.
(2)This is the playground.

2 (1)I'm Sayo.　This is the gym.　This is my favorite place.
(2)I'm Ren.　This is the library.　This is my favorite place.
(3)I'm Emily.　This is the computer room.　This is my favorite place.

3 (1)I'm Chris.　I have breakfast at 6:30.
(2)I'm Ayame.　I take out the garbage at 7:30.

4 (1)A: What do you want?
B: I want strawberries, please.
(2)A: How many onions?
B: Three, please.

1 This is ～.(ここは～です。)という英語が読まれます。This isのあとの、学校にある場所を表す言葉に注意して聞き取りましょう。

2 This is ～.のあとに、This is my favorite place.(ここはわたしのお気に入りの場所です。)という英語が読まれます。はじめのThis isのあとの言葉に注意して聞き取りましょう。

3 ふだんすることを表す英語と、時刻を表す英語が読まれます。クリスは「わたしは６時30分に朝食を食べます。」、あやめは「わたしは７時30分にごみを出します。」と言っています。

4 (1)と(2)はどちらもお店の店員が質問をしています。(1)のWhat do you want?は「何がほしいですか。」という意味です。答えのI wantのあとの言葉に注意して聞き取りましょう。

思考・判断・表現

5 絵の内容に合う英語の言葉を、[　]の中から選んで[　]に書きましょう。 1問3点(9点)

(1)  music

(2)  science

(3) 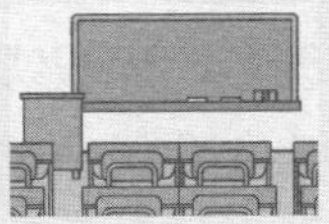 classroom

music　classroom　science

6 絵の内容に合う英語の文になるように、[　]の中から語を選んで[　]に書き、文全体をなぞりましょう。 1問4点(16点)

(1) 
I go to school at 8:00 a.m.

(2) 
I brush my teeth at 9:00 p.m.

school　teeth　go　brush

思考・判断・表現

7 絵の内容に合う英語の文を、[　]の中から選んで[　]に書きましょう。 1問5点(10点)

(1) 
Go straight.

(2) 
Turn right.

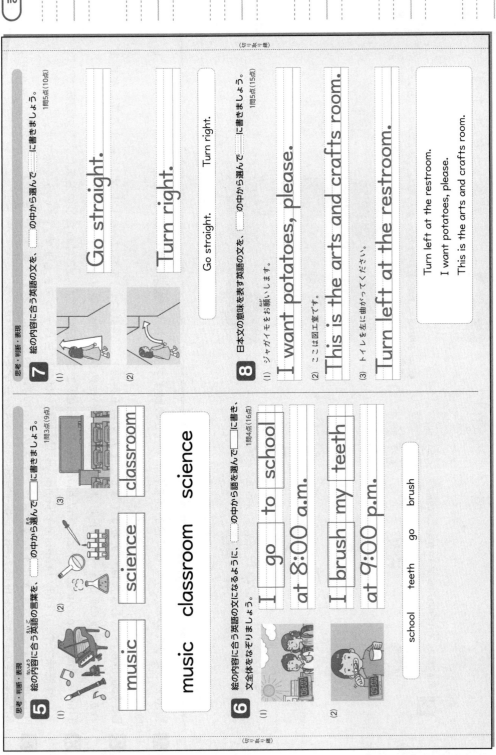

Go straight.　Turn right.

8 日本文の意味を表す英語の文を、[　]の中から選んで[　]に書きましょう。 1問5点(15点)

(1) ジャガイモをお願いします。
I want potatoes, please.

(2) ここは図工室です。
This is the arts and crafts room.

(3) トイレを左に曲がってください。
Turn left at the restroom.

Turn left at the restroom.
I want potatoes, please.
This is the arts and crafts room.

(切り取り線)

まちがえた言葉を書きましょう

5 絵の内容はそれぞれ、(1)音楽、(2)理科、(3)教室です。

6 (1)は「わたしは午前８時に学校へ行きます。」という文に、(2)は「わたしは午後９時に歯をみがきます。」という文にしましょう。

7 (1)の文は「まっすぐ行ってください。」、(2)の文は「右に曲がってください。」という意味です。

8 (1)の「～をお願いします。」は、I want ～, please.と言います。(2)の「ここは～です。」は、This is ～.と言います。「図工室」はarts and crafts roomです。(3)の「左に曲がる」はturn leftと言います。at ～は「～のところで」という意味で、場所を表します。

4年 英語のまとめ

学力しんだんテスト

月　日
名前

時間 40分 | 知識・技能 /50 | 思考・判断・表現 /50 | 合格80点 /100

答え22~23ページ

知識・技能

1 音声を聞き、指示の内容に合う絵を下の㋐～㋒から選び、(　)に記号を書きましょう。 トラック161 1問5点(10点)

(1)(㋑) (2)(㋐)

2 音声を聞き、それぞれの人物の好きな教科を、線で結びましょう。 トラック162 1問5点(15点)

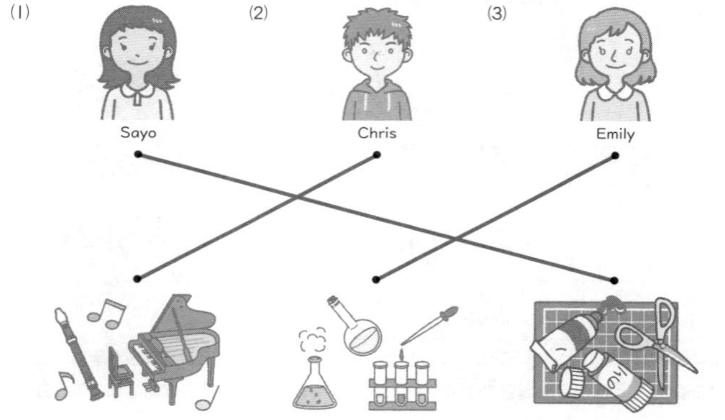

知識・技能

3 ロバートが発表をしています。(1)、(2)の質問の答えを下の㋐～㋒から選び、(　)に記号を書きましょう。 トラック163 1問5点(10点)

(1) ロバートのお気に入りの場所はどこですか。

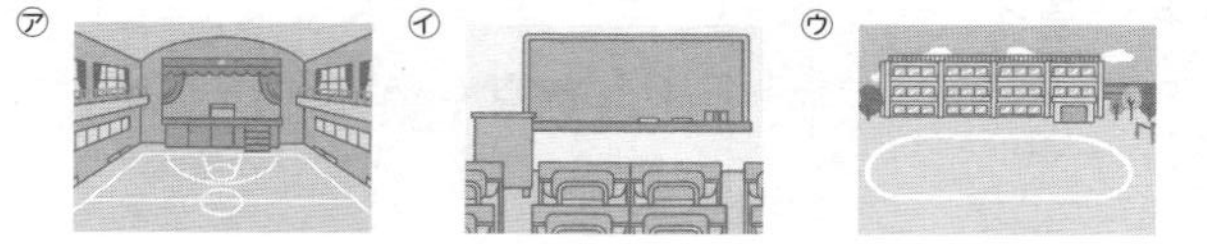

(2) ロバートは日曜日に何をしますか。

(1)(㋒) (2)(㋑)

4 音声を聞き、質問の答えを下の㋐～㋒から選び、(　)に記号を書きましょう。 トラック164 1問5点(15点)

(1)

(2)

(3)
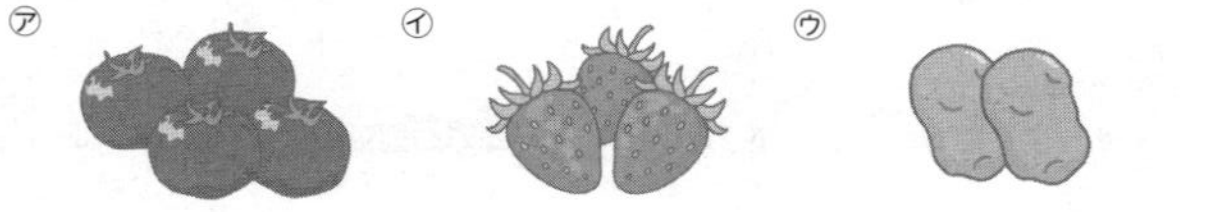

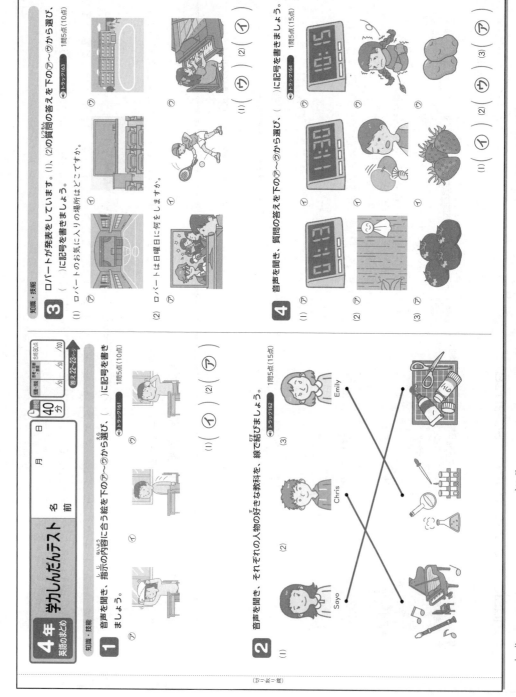

(1)(㋑) (2)(㋒) (3)(㋐)

読まれる英語

1 (1) Stand up.
(2) Put on your cap.

2 (1) A: Do you like arts and crafts, Sayo?
B: Yes, I do.
(2) A: Do you like science, Chris?
B: No, I don't. I like music.
(3) A: Do you like science, Emily?
B: Yes, I do.

3 Hello. I'm Robert. This is the playground. This is my favorite place. I like tennis. I play tennis on Sundays.

4 (1) A: What time is it?
B: It's eleven thirty.
(2) A: How's the weather?
B: It's cold.
(3) A: How many tomatoes?
B: Four, please.

1 指示をしたりたのんだりする英語が読まれます。どの動作をするように指示しているか、注意して聞き取りましょう。

2 Do you like ～?(あなたは～が好きですか。)とたずねる英語と、Yes(はい)またはNo(いいえ)と答える英語が読まれます。(2)は最後のI like ～.(わたしは～が好きです。)に注意して聞き取りましょう。

3 This is the playground. This is my favorite place.は「ここは校庭です。ここはわたしのお気に入りの場所です。」という意味です。I play tennis on Sundays.は「わたしは日曜日にテニスをします。」という意味です。

4 (1)は時刻を、(2)は天気をたずねています。答えのIt'sのあとの言葉に注意して聞き取りましょう。(3)のHow many tomatoes?は「トマトはいくつほしいですか。」という意味です。

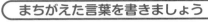

思考・判断・表現

5 絵の内容に合う英語の文になるように、□の中から語を選んで□に書き、文全体をなぞりましょう。 1問3点(9点)

(1) 

It's "Snack Time."

(2) 

It's "Bath Time."

(3) 

It's "Study Time."

Study　Bath　Snack

6 日本文の意味を表す英語の文になるように、□の中から語を選んで□に書き、文全体をなぞりましょう。 1問4点(16点)

(1) わたしの消しゴムを見つけてくれますか。

Can you find my eraser?

(2) 図書室を右に曲がってください。

Turn right at the library.

library　eraser　find　right

思考・判断・表現

7 絵の内容についての質問に対する答えの文を、□の中から選んで□に書きましょう。 1問5点(15点)

(1) 

Do you have a red pen?

Yes, I do.

(2) 

What day is it?

It's Friday.

(3) 

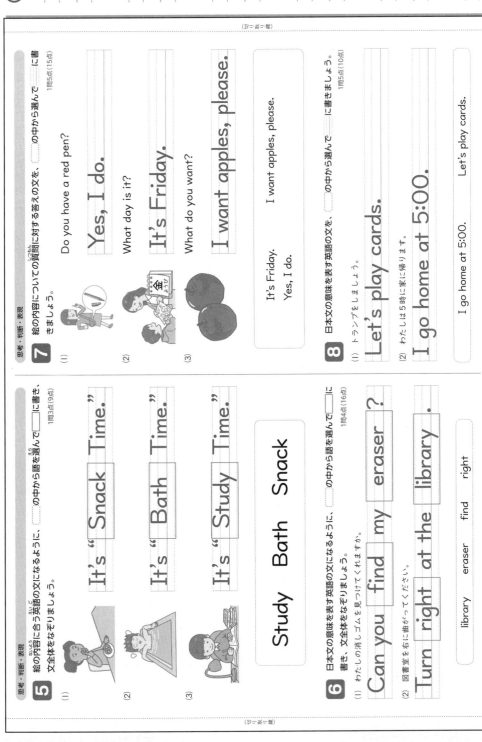

What do you want?

I want apples, please.

It's Friday.　I want apples, please.
Yes, I do.

8 日本文の意味を表す英語の文を、□の中から選んで□に書きましょう。 1問5点(10点)

(1) トランプをしましょう。

Let's play cards.

(2) わたしは5時に家に帰ります。

I go home at 5:00.

I go home at 5:00.　Let's play cards.

(切り取り線)

5 絵の内容はそれぞれ、(1)おやつの時間、(2)おふろの時間、(3)勉強の時間です。

6 (1)の「わたしの～を見つけてくれますか。」は、Can you find my ～?と言います。「消しゴム」は英語でeraserです。(2)の「右に曲がる」はturn right、「図書室を」はat the libraryと言います。

7 (1)のDo you have a red pen?は「あなたは赤いペンを持っていますか。」という意味で、Yes, I do.(はい、持っています。)またはNo, I don't.(いいえ、持っていません。)と答えます。(2)のWhat day is it?は「何曜日ですか。」という意味です。(3)のWhat do you want?は「何がほしいですか。」という意味です。

8 (1)の「～をしましょう。」は、Let's ～.と言います。Let'sのあとに動作を表す言葉を続けます。(2)の「家に帰る」はgo homeと言います。

まちがえた言葉を書きましょう

付録 とりはずしてお使いください。

英語おさらいドリル

4年

こちらから
単語や文章の音声を
聞くことができます。

年　　組

アルファベット

アルファベットの大文字をなぞりましょう。また、くり返し書いてみましょう。

A B C D E F

G H I J K L

M N O P Q R

S T U V W X

Y Z

アルファベットの小文字をなぞりましょう。また、くり返し書いてみましょう。

a b c d e f

g h i j k l

m n o p q r

s t u v w x

y z

動作を表す言葉

動作を表す言葉をなぞりましょう。また、くり返し書いてみましょう。

□料理(りょうり)をする

cook

□おどる

dance

□歌う

sing

□英語を話す

speak English

□本を読む

read a book

自分ならどう伝えるか書いてみましょう。
空らんの言葉をうめたら、文全体をなぞりましょう。

① 「～しましょう。」と相手をさそうとき

Let's ＿＿＿＿＿＿＿＿＿＿＿＿.

（○○しましょう。）

Yes, let's.

（はい、そうしましょう。）

Sorry.

（ごめんなさい。）

② 「わたしは日曜日に～します。」と伝えるとき

I ＿＿＿＿＿＿＿＿＿＿＿＿

on Sundays.

（わたしは日曜日に○○します。）

デザート・飲みものを表す言葉

デザート・飲みものを表す言葉をなぞりましょう。また、くり返し書いてみましょう。

□チョコレート

chocolate

□ドーナッツ

donuts

□ポップコーン

popcorn

□ソーダ

soda

□紅茶（こうちゃ）

tea

自分ならどう伝えるか書いてみましょう。
空らんの言葉をうめたら、文全体をなぞりましょう。

1 好きなデザートや飲みものを伝えるとき

I like ________.

（わたしは○○が好きです。）

2 好きなデザートや飲みものをたずねるとき

Do you like ________?

（あなたは○○が好きですか。）

Yes, I do.

（はい、好きです。）

No, I don't.

（いいえ、好きではありません。）

料理を表す言葉

料理を表す言葉をなぞりましょう。また、くり返し書いてみましょう。

□めん

noodles

□フライドポテト

French fries

□カレーライス

curry and rice

□焼き魚

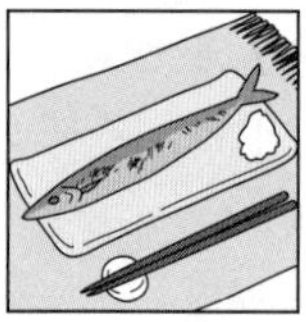

grilled fish

□フライドチキン

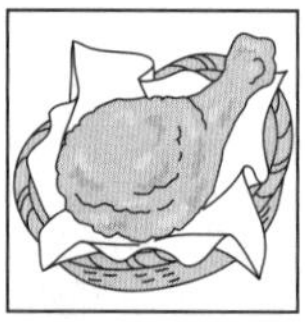

fried chicken

聞かれたことについて、自分ならどう答えるか書いてみましょう。
空らんの言葉をうめたら、文全体をなぞりましょう。

1 ほしいものを聞かれたとき

What do you want?

（あなたは何がほしいですか。）

I want ＿＿＿＿＿＿＿＿,

please.

（○○をお願いします。）

2 好きな料理をたずねるとき

Do you like ＿＿＿＿＿＿＿＿?

（あなたは○○が好きですか。）

Yes, I do.

（はい、好きです。）

No, I don't.

（いいえ、好きではありません。）

身のまわりのものを表す言葉①

身のまわりのものを表す言葉をなぞりましょう。また、くり返し書いてみましょう。

□自転車

bicycle

□ギター

guitar

□レインコート

raincoat

□カレンダー

calendar

□新聞

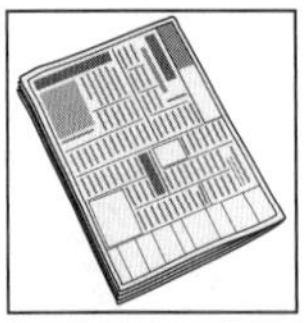

newspaper

自分ならどう伝えるか書いてみましょう。
空らんの言葉をうめたら、文全体をなぞりましょう。

1 持ちものをたずねるとき

Do you have a ______ ?

（あなたは○○を持っていますか。）

Yes, I do.

（はい、持っています。）

No, I don't.

（いいえ、持っていません。）

2 「わたしは～を持っていません。」と伝えるとき

I don't have a ______ .

（わたしは○○を持っていません。）

身のまわりのものを表す言葉②

身のまわりのものを表す言葉をなぞりましょう。また、くり返し書いてみましょう。

□カップ

cup

□ラケット

racket

□Tシャツ

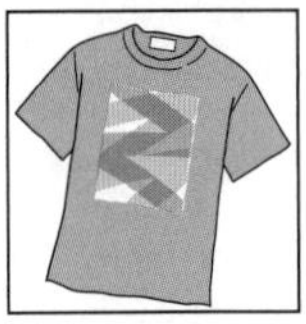

T-shirt

□リコーダー

recorder

□カメラ

camera

自分ならどう伝えるか書いてみましょう。
空らんの言葉をうめたら、文全体をなぞりましょう。

① 「わたしの～を見つけてくれますか。」とたずねるとき

Can you find my

____________?

（わたしの〇〇を見つけてくれますか。）

② 「わたしはかばんの中に～を持っています。」と伝えるとき

I have a ____________

in my bag.

（わたしはかばんの中に〇〇を持っています。）

③ 「わたしは～を持っていません。」と伝えるとき

I don't have a ____________.

（わたしは〇〇を持っていません。）

教科を表す言葉

教科を表す言葉をなぞりましょう。また、くり返し書いてみましょう。

□国語

Japanese

□算数

math

□社会

social studies

□体育

P.E.

□書道

calligraphy

自分ならどう伝えるか書いてみましょう。
空らんの言葉をうめたら、文全体をなぞりましょう。

1 好きな教科をたずねるとき

Do you like ＿＿＿＿＿＿＿＿ ?

（あなたは○○が好きですか。）

Yes, I do.

（はい、好きです。）

No, I don't.

（いいえ、好きではありません。）

2 好きな教科を伝えるとき

I like ＿＿＿＿＿＿＿＿ .

（わたしは○○が好きです。）